Joanny Bricaud

# Les illuminés d'Avignon

## Dom Pernety et son groupe

# AVANT-PROPOS

Jamais l'illuminisme en France n'a brillé d'un plus vif éclat qu'au XVIIIe siècle, au temps de la philosophie raisonneuse et des aurores d'émancipation sociale.

Chose étrange! L'ère des encyclopédistes et des philosophes allait être aussi l'ère des prophètes et des thaumaturges. En face de Voltaire, de Diderot, de d'Alembert, incrédules et sceptiques, allaient se dresser Swedenborg, Martinez Pascalis, Saint-Martin, Mesmer et Cagliostro, fondateurs de groupes mystiques adonnés à toutes les pratiques de la théurgie, de ta magie et de l'illuminisme.

De tous ces groupes, un des moins connus, bien qu'il soit mentionné dans tous les dictionnaires et dans toutes les encyclopédies, est sans contredit celui des Illuminés d'Avignon, dont le fondateur est le bénédictin Antoine Joseph Pernety.

Les écrivains qui se sont occupés de ce groupement ne lui ont consacré que quelques pages qu'ils ont copiées les uns sur les autres, sans souci de vérification.

Le travail que nous offrons aujourd'hui au lecteur est basé sur des documents manuscrits de première main, émanant soit de Pernety lui-même, soit d'affiliés influents. Il présente, sous son véritable jour, ce groupe si peu connu des illuminés d'Avignon.

# CHAPITRE PREMIER :
## PERNETY BÉNÉDICTIN

Antoine-Joseph Pernety naquit le 18 février 1716, à Roanne en Forez, d'une famille nombreuse et peu aisée, de petite bourgeoisie.

De sa jeunesse, nous ne savons rien ou presque rien. Ses premières études furent dirigées par son cousin, l'abbé Jacques Pernetti, de Lyon[1]. Cet abbé, qui avait obtenu un canonicat de second ordre à la primatiale de Lyon, cultivait les lettres avec ardeur, s'appliquant particulièrement à l'étude de l'histoire naturelle et des beaux-arts. Une de ses œuvres, les *Lettres philosophiques sur les Physiono-mies*[2], fixa sur lui l'attention des érudits et lui valut même d'être chargé de l'éducation de M. de Boulongne, qui fut plus tard conseiller et intendant des finances. Une deuxième édition de cet ouvrage fut même traduite en allemand.

Antoine-Joseph, dont l'intelligence était vive et l'application pleine de promesses, fut initié de bonne heure aux mathématiques, aux sciences naturelles, aux beaux-arts, par son cousin, qui guida insensiblement sa vocation vers la vie religieuse.

C'est ainsi qu'il fut amené, jeune encore, à endosser la robe, le capuce et le scapulaire de Saint-Benoit. Il prononça ses vœux comme bénédictin de la congrégation de Saint-Maur, le 29 juin 1732, dans l'abbaye de Saint-Allire de Clermont[3].

Les abbayes bénédictines étaient, on le sait, de véritables académies d'érudition, d'art et de théologie, des collèges d'hommes distingués, dans toutes les branches du savoir humain.

Dom Pernety révéla dès l'abord un tempérament exceptionnel, toujours au

---

[1] Né le 28 octobre 1696, non à Chazelles-sur-Lyon, comme le disent les biographes, mais à Lyon même, paroisse Saint-Paul. C'est à tort que les dictionnaires font de l'abbé Jacques Pernetti l'oncle d'Antoine-Joseph. Ce dernier, dans une lettre dont nous aurons l'occasion de parler, l'indique comme étant son cousin. L'abbé Jacques Pernetti parvint à un âge avancé et mourut à Lyon, le 6 février 1777. On remarquera qu'il écrivait son nom Pernetti, mais il est inscrit le 30 octobre 1696, sur les registres de la paroisse Saint-Paul, à Lyon, sous le nom de Pernety. Antoine-Joseph et tous les autres membres de la famille ont d'ailleurs signé Pernety.

[2] 1 vol. in-8°. Chez J. Neaulme, à La Haie, 1748.

[3] *Histoire littéraire de la congrégation de Saint-Maur*, par Tanin, p. 690-691.

travail, inlassable à la peine, jamais rassasié de recherches, apte à toutes les tâches, curieux de tous les domaines.

En 1747, il fit paraître, en collaboration avec dom Jean-François de Brézillac, une traduction française en trois volumes du *Cours de mathématiques*, publié en allemand par Chrétien Wolff, professeur à l'Université de Hall. Mais les traducteurs ne se contentèrent pas d'une simple traduction, ils y ajoutèrent des traités entiers, avec quantité d'observations et d'annotations, qui renouvelèrent presque entièrement cet ouvrage.

En même temps, dom Pernety collaborait au huitième volume de la *Gallia christiana* et publiait un commentaire de la règle de Saint-Benoît sous le nom de *Manuel bénédictin*[4].

Peu après, ses supérieurs l'ayant détaché à l'abbaye de Saint-Germain-des-Prés pour collaborer à un livre d'ascétisme entrepris par quelques religieux, il en profita pour herboriser dans les environs de Paris et apprit le dessin afin de copier les plantes qu'il rencontrait. Cela ne suffisant pas encore à son activité, il composa vers le même temps un *Dictionnaire portatif de peinture, de sculpture et de gravure*, qui parut en 1757[5]. C'était une véritable dispersion en attendant d'avoir trouvé sa voie.

L'hermétisme et l'alchimie étaient alors en vogue. En 1742, l'abbé Lenglet-Dufresnoy avait fait paraître une *Histoire de la Philosophie hermétique*[6], ouvrage donnant un aperçu complet de l'histoire de l'alchimie depuis les temps les plus reculés jusqu'au XVIIIᵉ siècle. Il l'avait complété par la traduction du *Véritable Phitalèthe (Entrée au Palais fermé du Roi)*, traité pratique de l'art sacré, par des commentaires de Ripley et un ample catalogue des auteurs notables qui se sont occupés du Grand Œuvre et des recherches hermétiques.

Dom Pernety, ayant trouvé cet ouvrage dans la bibliothèque de l'abbaye de Saint-Germain-des-Prés, le lut avec avidité et, comme beaucoup de ses contemporains, fut séduit par cette étude ; mais il y apporta une érudition et une ardeur tout à fait extraordinaires.

Tous les ouvrages alchimiques qu'il put rencontrer y passèrent et son avidité n'était pas encore assouvie, lorsque tout à coup une sorte d'illumination vint éclairer son esprit : la mythologie antique n'était qu'une allégorie de l'art hermétique !

Quarante ans auparavant, l'abbé Antoine Banier, académicien, avait déjà pu-

---

[4] 1 vol. in-8°. Paris, 1754.
[5] 1 vol. in-8°. Paris, 1757. Traduit en allemand.
[6] *Histoire de la philosophie hermétique accompagnée d'un catalogue raisonné des écrivains de cette science ; avec le Véritable Phitalèthe, revu sur les originaux*, 3 vol. in-12. Paris, Coustelier, 1742.

blié une *Explication historique des Fables*[7], dont l'édition définitive, parue de 1738 à 1740, en trois volumes, devint la *Mythologie et les Fables expliquées par l'Histoire*[8], ouvrage dans lequel il avait tenté de donner, des fables antiques prises dans leur ensemble, une explication historique. L'orientaliste Fourmont l'aîné avait, vers la même époque, fait paraître les *Réflexions sur l'origine, l'histoire et la succession des anciens peuples chaldéens, hébreux, phéniciens, égyptiens, grecs, etc., jusqu'au temps de Cyrus*[9], pour prouver que les mythes pouvaient se réduire en un enchaînement d'allégories historiques.

L'évhémérisme plus ou moins allégorique de Banier et de Fourmont ne pouvait satisfaire un esprit comme celui de Pernety, porté aux idées générales et grand ami de tout ce qui revêtait un aspect insolite ou merveilleux ; aussi bien allait-il donner à la mythologie une interprétation des plus inattendues. En deux gros volumes parus en 1758 et qu'il intitula les *Fables égyptiennes et grecques dévoilées et réduites au même principe, avec une explication des hiéroglyphes et de la guerre de Troie*[10], il donnait aux curieux un traité de mythologie fondé entièrement sur l'allégorisme hermétique.

Il expliquait d'abord, dans un discours préliminaire, que tous les anciens sages, les Mages de la Perse et les Gymnosophistes de l'Inde, les Chaldéens d'Assyrie, Orphée, Pythagore et bien d'autres philosophes de la Grèce avaient une très grande connaissance des plus rares secrets de la nature, mais que cette connaissance demeura toujours renfermée dans un cercle très étroit de personnes, et qu'on n'en communiqua que quelques fragments au reste du monde, en raison des inconvénients qui auraient résulté pour la société de sa divulgation.

Mais comment se communiquer d'âge en âge ces secrets admirables et les tenir cachés en même temps au public ? La transmission purement orale était un moyen bien incertain, « la mémoire des hommes étant un membre trop fragile pour qu'on puisse s'y fier ». Les traditions de cette espèce s'obscurcissent à mesure qu'on s'éloigne de leur source, au point qu'il devient impossible de débrouiller le chaos ténébreux où l'objet et la matière de ces traditions se trouvent ensevelis. Confier ces secrets à l'écriture en langue vulgaire, c'était s'exposer à les voir rendus publics par la négligence de ceux qui auraient pu les perdre, ou par l'indiscrétion de ceux qui auraient pu les voler. Bien plus, il fallait ôter jusqu'au moindre soupçon, sinon de l'existence, au moins de la connaissance

---

[7] *Explication historique des fables, où l'on découvre leur origine et leur conformité avec l'histoire ancienne*, 2 vol. in-12. Paris, Le Breton, 1711.
[8] 3 vol. in-4°. Paris, Briasson, de 1738 à 1740.
[9] 2 vol. in-4°. Paris, de Bure, 1747.
[10] 2 vol. in-8°. Paris, Beauche, 1758.

de ces secrets. Il n'y avait donc d'autres ressources que celle des hiéroglyphes, des symboles, des allégories, des fables, qui, étant susceptibles de plusieurs explications différentes, pouvaient servir à instruire les uns pendant que les autres demeureraient dans l'ignorance. C'est, dit Pernety, le parti que prirent tous les philosophes hermétiques du monde : « Ils amusoient le peuple par des fables, dit Origène, et ces fables servoient de voile à leur philosophie. »

Ainsi, ces hiéroglyphes, ces fables présentaient aux yeux des philosophes et de ceux qu'ils instruisaient dans leurs mystères la théorie de leur philosophie hermétique.

Les principes généraux sur lesquels a été établi ce système, dit Pernety, ne sont pas nouveaux, et il se défend de vouloir s'en faire honneur. Il l'a trouvé, dit-il, par lambeaux épars, dans divers auteurs tant anciens que modernes, dont les ouvrages sont peu connus parce que la science dont ils traitent est victime de l'ignorance et des préjugés. « Je m'attends bien à ne pas avoir l'approbation de ces génies vastes, sublimes et pénétrants qui embrassent tout, qui savent tout, sans avoir rien appris, qui disputent de tout et qui décident de tout sans connaissance de cause. Ce n'est pas à de telles gens qu'on donne des leçons ; à eux appartient proprement le nom de sages bien mieux qu'aux Démocrite, aux Platon, aux Pythagore et aux autres Grecs qui furent en Égypte respirer l'air hermétique ; … ce n'est pas pour des sages de cette trempe qu'est fait cet ouvrage ; cet air contagieux d'Égypte y est répandu partout ; ils y courroient les risques d'en être infectés, comme les Géber, les Synésius, les Moriens, les Arnauld de Villeneuve, les Raymond Lulle et tant d'autres [11]. »

Ce n'est là que fausse modestie : on trouve chez les anciens et même chez les modernes qui ont précédé Pernety des interprétations allégoriques de la mythologie, mais d'ordre théosophique et non pas hermétique. L'allégorisme est, en effet, chose ancienne, mais l'allégorisme hermétique appliqué à l'ensemble de la mythologie est incontestablement la création de Pernety.

Le discours préliminaire est suivi des *Principes de la Philosophie hermétique* et d'un *Traité de l'œuvre hermétique* d'une centaine de pages donnant les procédés de fabrication de la pierre philosophale d'après les meilleurs auteurs, et surtout d'Espagnet.

C'est alors seulement que commence l'explication des fables égyptiennes et grecques. Les dieux de l'Égypte et de la Grèce, les rois, les animaux et les plantes sacrés sont successivement passés en revue. Enfin, il étudie les allégories qui ont

---

[11] *Fables égyptiennes*, rééd. arbredor.com, 2006-2007.

un rapport avec l'art hermétique : la Toison d'or, les Argonautes, le jardin des Hespérides, l'histoire d'Atalante, les travaux d'Hercule, la guerre de Troie.

Quant aux opérations requises pour mettre en œuvre les principes de la philosophie hermétique, Pernety déclare que les philosophes ne les ont pas cachées sous le sceau d'un secret impénétrable ; ils n'ont point fait de mystère des couleurs ou des signes démonstratifs qui se succèdent dans tout le cours des opérations. C'est ce qui leur a fourni particulièrement la matière à imaginer, à feindre les personnages des dieux et des héros de la Fable et les actions qu'on leur attribue.

Il ne cache pas les difficultés qu'il y a d'exposer les vrais principes de la philosophie hermétique « Elle est pleine d'énigmes, de termes allégoriques et barbares, dont bien peu de personnes comprennent le vrai sens. »

Et afin d'aider à comprendre les énigmes et les métaphores dont fourmillent les écrits des philosophes hermétiques, il publie aussitôt après les *Fables égyptiennes* le Dictionnaire mytho-hermétique [12].

« Mon traité des Fables égyptiennes et grecques, dit-il, développe une partie de ces mystères (hermétiques). De l'obligation dans laquelle j'étais de parler le langage des philosophes, il en est résulté une obscurité qu'on ne peut dissiper que par une explication particulière des termes qu'ils emploient et des métaphores qui leur sont si familières. La forme de dictionnaire m'a paru la meilleure, avec d'autant plus de raison qu'il y peut servir de table raisonnée, par les renvois que j'ai eu soin d'insérer quand il a été question d'éclaircir des fables déjà expliquées [13]. »

A chaque instant, en effet, on trouve dans le *Dictionnaire mytho-hermétique* des renvois aux *Fables égyptiennes et grecques*.

Pernety n'ignore pas que les savants traitent la philosophie hermétique d'extravagance et de folie. Que conclure de cela, dit-il ? « Ne seroit-ce pas une preuve que ceux qu'on appelle sçavants sont bien éloignés de tout savoir, et qu'ils pourraient dire d'eux à plus juste titre ce qu'un ancien sage de la Grèce disoit de lui-même : J'ignore tant de choses que je puis dire : "je sçais seulement que je ne sçais rien !" Ignore-t-on, d'ailleurs, que les découvertes extraordinaires, telles, par exemple, que celle de la poudre et de ses effets, n'ont d'abord trouvé dans les sçavants eux-mêmes que des railleurs et des incrédules ? Ce qu'on nomme la science a souvent ses préjugés infiniment plus difficiles à vaincre que l'ignorance même.

---

[12] *Dictionnaire mytho-hermétique* dans lequel on trouve les allégories fabuleuses des poètes, les métaphores, les énigmes et les termes barbares des philosophes hermétiques, expliqués par Dom Antoine-Joseph Pernety, religieux bénédictin de la congrégation de Saint-Maur, vol. Paris, Bauche, 1758.
[13] *Dictionnaire mytho-hermétique*.

Il me semble que plus l'homme a d'étendue, de génie et de connoissances, moins il doit nier et plus il doit voir de possibilités dans la nature. A être crédule, il y a plus à gagner qu'à perdre. La crédulité engage un homme d'esprit dans des recherches qui le désabusent s'il étoit dans l'erreur, et qui toujours l'instruisent de ce qu'il ignoroit [14].»

Partant de ces principes, Pernety n'hésitait pas à donner l'explication hermétique de l'*Iliade* et de l'*Odyssée*. Dans l'*Iliade*, par exemple, Homère a simplement voulu figurer d'une manière allégorique la confection de l'élixir des philosophes : Paris est le soufre, Achille le feu du mercure philosophique ; sans lui, la prise de Troie devient impossible et la fuite d'Hector symbolise la volatilisation de la matière...

Quelques-uns des contemporains de Pernety ne manquèrent pas de trouver ses idées extravagantes, ses livres pleins de bizarreries étranges. Il crut devoir se justifier par une lettre adressée à *l'Année littéraire* de Fréron, et qui parut, dans le numéro de novembre 1758, sous le titre : «Lettre de Dom Pernety à M. Fréron au sujet de son explication hermétique des Fables.»

Il déclare dans cette Lettre que son unique dessein, en publiant ses livres, était d'instruire sur le véritable objet des plus anciennes Fables, qu'Orphée, Homère, Hérodote et quelques autres poètes-philosophes ont fait passer jusqu'à nous, car il y a beaucoup de poètes, tels Hygin, Ovide, qui écrivirent uniquement pour amuser leurs contemporains : «Je l'ai déclaré plus d'une fois dans mon ouvrage, je dis simplement que ces poètes nous ont transmis des fables ; je les distingue expressément des philosophes... C'est donc à tort que quelques journalistes m'imputent de donner tous les poètes pour des philosophes hermétiques. On m'a prêté bien d'autres idées aussi fausses que celle-là ! Que ne se contentait-on de relever les fautes réelles qui peuvent se trouver dans mon ouvrage, sans y en supposer [15] !»

Pernety répondait ainsi sur un point secondaire ; mais il eût été beaucoup plus en peine pour justifier l'interprétation hermétique d'Orphée et d'Homère s'il eût rencontré devant lui un adversaire de valeur : faire de l'allégorisme hermétique, d'ailleurs incontestable, puisque l'allégorisme est la loi du genre, la base de tout allégorisme philosophique et religieux, car le système de Pernety ne tend à rien moins, devait paraître pour le moins une gageure. Au reste, le système de notre bénédictin est beaucoup plus le fruit d'une sorte d'illuminisme que d'une étude

---

[14] *Dictionnaire mytho-hermétique* p. XIX et XX.
[15] *L'Année littéraire*, par M. Fréron, des Académies d'Angers, de Montauban, de Nancy, de Marseille et de Caen. Année 1758, n° de novembre.

proprement scientifique. D'esprit aventureux, doué d'une imagination sans repos, excité par des lectures trop nombreuses et mal digérées, Pernety a échafaudé tout un monde aussi séduisant que fragile.

Au reste, le contradicteur qu'il eût mérité, car il y avait en lui des vues larges, des pensées hardies, ne se rencontra pas ; la polémique dévia dès l'abord sur des points secondaires.

Parmi les contradicteurs de Pernety, un de ceux qui attirèrent le plus l'attention fut l'abbé Etienne-François Villain, qui venait de publier un *Essai sur Saint-Jacques-de-la-Boucherie*, dans lequel il parlait de Nicolas Flamel[16] comme d'un simple écrivain, refusant de voir en lui un alchimiste. Ce fut le point de départ d'une longue polémique avec Pernety.

En réponse à l'ouvrage de l'abbé Villain, Pernety fit paraître dans *l'Année littéraire* une lettre visant à rétablir les faits[17].

A l'affirmation de l'abbé Villain, basée sur un acte de donation mutuelle entre Flamel et sa femme passé en 1372, que Flamel n'avait acquis ses biens dans sa profession que par un travail assidu, « à grant peines et travaux », Pernety faisait remarquer que cet acte fut passé en 1372, époque où Flamel avoue qu'il ignorait le procédé du Grand Œuvre, qu'il dit lui-même n'avoir réussi qu'en 1382. De même, ajoute Pernety, se trouve détruite l'accusation de G. Naudé à l'égard des biens que Flamel avait « volés » aux Juifs.

D'après Gabriel Naudé, en effet, Flamel se serait enrichi aux dépens des Juifs, qui, au XIVᵉ et au XVᵉ siècle, ont été plusieurs fois exilés et rappelés selon le bon plaisir des rois. Il aurait entretenu avec eux des rapports fréquents et intimes, serait devenu en quelque sorte leur banquier et le dépositaire de leur fortune pendant qu'ils étaient en exil. Comme beaucoup d'entre eux mouraient en exil, Flamel se serait tout simplement approprié leurs richesses.

Une autre opinion, enfin, sur l'origine de la fortune de Flamel est celle de l'abbé de Montfaucon de Villars.

L'abbé soutient dans *le Comte de Gabalis*[18] que *le Livre des Figures d'Abraham le Juif*[19] n'est autre que l'indication des maisons des principales villes de France,

---

[16] *Essai d'une histoire de la paroisse Saint-Jacques-de-la-Boucherie, où l'on traite de l'origine de cette église, de ses antiquités, de Nicolas Flamel et de Pernelle, sa femme, et de plusieurs autres choses remarquables, avec les plans de la construction et du territoire de la paroisse*, par M. L. V., I vol. in-12. A Paris, chez Prault père, quai de Grèves, au Paradis, 1758.
[17] Lettre sur l'Essai sur Saint-Jacques-de-la-Boucherie, *Année littéraire*, 1758, t. VII, lettre datée du 30 novembre.
[18] *Le Comte de Gabalis, ou les Entretiens sur les sciences secrètes,* Rééd. arbredor.com, 2001.
[19] Rééd. arbredor.com, 2002.

dans les caves desquelles les Juifs proscrits avaient, avant leur départ, caché leurs richesses. Or, toutes les maisons à cette époque avaient des enseignes. Afin de retrouver leurs richesses, les Juifs avaient fait un livre où se trouvaient représentées les enseignes des maisons où ils avaient enfoui leurs trésors.

C'est ce livre que Flamel avait eu en mains. Plusieurs de ces maisons se trouvant à Paris, Flamel n'eut donc qu'à en acheter quelques-unes pour puiser à pleines mains l'or, l'argent, les bijoux et devenir riche en peu de temps.

Albert Poisson, qui rapporte cette opinion [20], soutient que la thèse de l'abbé de Villars est absurde et ne mérite pas l'examen. Cependant, un érudit lyonnais, M. Bréghot du Lut, crut devoir, vers 1838, étudier attentivement la question.

D'après M. Bréghot du Lut, plusieurs des maisons détaillées dans *le Comte de Gabalis* se trouvaient à Lyon ; quelques-unes, enfin, à Toulouse, Bordeaux, Rouen ; mais Lyon était la plus favorisée. On évalue le nombre des trésors cachés à Lyon à vingt. L'un d'entre eux, très considérable, dit M. Bréghot du Lut, aurait été découvert dans l'hôtel de Gadagne. Sa figure relative était un homme armé se sauvant de ses ennemis à la nage.

Une autre figure possédée par Nicolas Flamel et concernant Lyon portait onze têtes de lions rangées sur trois lignes ; elle était l'indication des dépouilles de onze familles juives. Comment pourrait-on douter de la découverte de ces trésors, dit M. Bréghot du Lut, lorsque Lyon renferme encore onze maisons de même structure portant pour armoiries des têtes de lions : la rue Juiverie, elle seule, contient plusieurs de ces constructions. Enfin, une troisième figure représentant le jugement du roi Pâris sur la pomme d'or désignait un trésor qui dut être trouvé près du port de Roanne [21].

Quoi qu'il en soit de ces diverses opinions concernant l'origine de la fortune de Nicolas Flamel, Pernety s'en tint à l'explication donnée par Flamel lui-même. Depuis longtemps, dit Pernety, Flamel cherchait le secret de la pierre philosophale. Ce n'est qu'après de longues années d'essai, sans résultat, qu'il aurait pris le parti d'aller en pèlerinage à Saint-Jacques en Galice pour y chercher quelque juif qui pût lui donner l'interprétation des figures hiéroglyphiques du livre d'Abraham le Juif, qui l'avait mis dans le goût de la science hermétique. Il fit ce voyage en 1378 seulement et convient de bonne foi que, malgré les explications du savant médecin juif Canche, qui s'était fait chrétien, il mit encore trois ans à travailler et réussit enfin le 17 janvier 1382.

Pernety faisait également remarquer que les fondations et les rentes faites par

---

[20] *Nicolas Flamel,* p. 96, 1 vol. in-12, Paris, 1893.
[21] Voir *Revue du lyonnais,* 1838, t. VIII, et *Mélanges* de Bréghot du Lut.

Flamel et sa femme ne sont datées que depuis 1382. Cette seule remarque, disait-il, devait suffire pour détruire tous les raisonnements de l'abbé Villain. Mais il apportait encore un autre document en faveur de Flamel. Il assurait avoir eu entre les mains un manuscrit écrit de la propre main de Flamel, en écriture du temps. Il en a laissé la description : c'était un traité de l'œuvre hermétique, écrit en 1414 dans les marges assez larges d'un psautier et adressé à l'un de ses neveux. Il commençait ainsi :

« Je, Nicolas Flamel, escrivain de Paris, cette présente année MCCCCXIII du règne de nostre prince bénin Charles VI, lequel Dieu veuille bénir, et après la mort de ma fidèle compagne Pernelle… » Ce manuscrit original n'avait pas de titre ; mais Pernety le désignait sous celui de *Psautier chimique*.

L'abbé Villain, qui préparait une *Histoire de Nicolas Flamel*, ne tint aucun compte de la lettre de Pernety. L'ouvrage parut en 1761, riche en documents, mais très partial[22].

Prenant le contre-pied de Pernety, l'abbé Villain s'efforçait de démontrer que Nicolas Flamel n'avait jamais été alchimiste, qu'il n'avait jamais lu et, à plus forte raison, jamais écrit un livre hermétique, et que tout ce qu'on lui attribuait dans ce sens était faux ou supposé. Enfin, après avoir constaté dans son avant-propos que les suffrages en faveur de sa thèse n'avaient pas été unanimes, « l'auteur de *l'Année littéraire* ayant adopté le sentiment d'un savant bénédictin et contredit mes vues sur la fortune de Flamel », il s'en prend directement à Pernety, qu'il désigne sous le terme de Critique littéraire, et s'efforce de réfuter ses arguments. Il dit, entre autres (page 125), parlant des notes que Pernety dit avoir vues sur le psautier manuscrit : « Pour les attribuer à Flamel, il faut d'autres preuves que celles qu'apporte le Critique littéraire… » Pernety, tout aussi intransigeant que Villain, répondit à nouveau dans l'Année littéraire[23] par une longue lettre où les preuves historiques en faveur de Flamel s'alliaient à des épigrammes ironiques, ce qui ne fit qu'envenimer la querelle.

Après avoir annoncé qu'un écrivain très versé dans les questions hermétiques (lui-même, sans doute) allait publier incessamment une réfutation du nouveau livre de l'abbé Villain, il déclarait qu'il allait se contenter de poser à l'abbé quel-

---

[22] *Histoire critique de Nicolas Flamel et de Pernelle, sa femme, recueillie d'actes anciens qui justifient l'origine et la médiocrité de leur fortune contre les imputations des alchimistes.* On y a joint le Testament de Pernelle et plusieurs autres pièces intéressantes, par M. L.- V., 1 vol. in-12. Paris, chez Desprez, MDCCLXI.
[23] Lettre sur une *Histoire de Nicolas Flamel* (*Année littéraire*, 1762, t. III). Cette lettre est reproduite en entier par Albert Poisson, en Appendice, dans son livre : *Nicolas Flamel, sa vie, sa fondation, ses œuvres.* Paris, Chacornac, 1893.

ques questions à résoudre et lui présenter quelques réflexions au sujet de ses ouvrages.

« M. l'abbé V., sait-il ce que c'est qu'un philosophe hermétique, la conduite qu'il doit tenir pour sa tranquillité, la manière dont il se comporte dans la distribution de ses bienfaits, etc. ?

« Ignore-t-il l'essence et le caractère distinctif des emblèmes qui consistent à cacher sous l'apparence d'objets connus des choses qui ne sont aperçues que par des yeux plus clairvoyants que ceux du communs ? Peut-on raisonnablement s'imaginer qu'un philosophe hermétique doive s'afficher tel ? Et M. l'abbé V. a-t-il pensé trouver Flamel philosophe dans les contrats de rentes, les quittances de Flamel homme privé ?

« M. l'abbé V., pour se convaincre que Flamel mérite le nom de philosophe, voudroit-il que, dans les contrats qu'il a faits, dans les quittances qu'il a reçues ou données, il eût signé Nicolas Flamel, philosophe hermétique ? »

A l'objection de l'abbé Villain, que Flamel, qui était écrivain et copiste, pouvait parfaitement avoir copié un manuscrit d'alchimie et mis son nom pour se faire connaître, mais que l'on ne pouvait admettre que ce soit Flamel qui ait composé ce traité allégorique, Pernety réplique qu'il a eu le manuscrit sous les yeux et que, si l'abbé Villain eût désiré s'en convaincre, il lui eût été facile de s'assurer du fait, mais qu'il n'a pas fait la moindre démarche pour cela ; d'autre part, pour s'épargner un aussi pitoyable raisonnement, il n'avait qu'à faire la plus petite attention à l'extrait du manuscrit qui avait été publié par Pernety, et où il aurait vu que Flamel parle toujours non comme copiste, mais comme auteur.

A cette lettre fort sensée, l'abbé Villain crut à son tour devoir répondre par une lettre datée du 27 août 1762 [24], dans laquelle il déclarait que le manuscrit alchimique cité par Pernety, comme écrit en marge du *Psautier*, n'existait pas, ou que, s'il existait réellement, il ne pouvait être que l'œuvre d'un faussaire. Et puis, dit-il, en parlant de Pernety, « il a fait trop de bruit pour un homme assuré du fait. Quand on a pour soi la vérité, on se défend modestement… »

Il est d'ailleurs navré des pointes que Pernety a lancées contre lui, et, se sentant ridicule, l'abbé déclare qu'il n'est « rien de plus déplacé que cette piquante ironie, et, avec de telles armes, quand il prendra goût au Révérend Père, il pourra rendre la risée du public tel écrivain qu'il voudra. »

Enfin, pour conclure, le bon abbé insinue que l'hermétisme pourrait bien être

---

[24] *Lettre à M… sur celle que Pernety, religieux bénédictin de la congrégation de Saint-Maur, a fait insérer dans une des feuilles de M. Fréron, de cette année 1762, contre l'Histoire critique de Nicolas Flamel et de Pernelle, sa femme.* Paris, août 1762.

une science diabolique dont le démon se sert pour perdre les hommes, et il va jusqu'à se demander si Pernety ne serait pas un diable déguisé?

Pernety ne crut pas devoir répondre à ces derniers arguments, et la querelle en resta là.

Au début de l'année 1763, Pernety fut informé que Bougainville, afin de dédommager la France de la perte qu'elle avait faite en cédant le Canada à l'Angleterre, se proposait de partir à la découverte des terres australes et de reconnaître les îles Malouines (Falkland),

Le projet avait été accepté par le ministre, et Bougainville faisait construire, à ses frais, une frégate et une corvette, à Saint-Malo, pour son expédition.

Pernety, dont la nature aventureuse cadrait mal avec l'esprit monastique, résolut de demander au roi la permission d'accompagner, en qualité d'aumônier, l'expédition de Bougainville.

Il reçut peu après l'autorisation, par une lettre du duc de Choiseul, ministre de la Marine.

Le départ eut lieu de Saint-Malo, le 8 septembre 1763, après la cérémonie du baptême des frégates *l'Aigle* et *le Sphinx*, par Pernety ; *l'Aigle*, avec vingt canons et cent hommes d'équipage ; *le Sphinx*, avec huit canons et quarante hommes, sous les ordres de M. de Bougainville.

Le 29 novembre, ils arrivèrent à l'île Sainte-Catherine, sur les côtes du Brésil. Ils y restèrent jusqu'au 14 décembre. De là, ils partirent pour Montevideo, où ils arrivèrent le 28 décembre.

Il y avait à Montevideo un hospice dirigé par les jésuites. Ceux-ci, ayant appris la présence d'un religieux français parmi les membres de l'expédition, firent prier Pernety de venir les voir, mais celui-ci s'abstint. Quelques jours après, un jésuite se fit introduire auprès de Pernety et lui dit qu'il regrettait fort de ce qu'il ne s'était pas rendu à leur invitation.

«Oh! je n'en suis pas surpris, crut-il devoir ajouter, je sais que les Bénédictins ne pensent pas bien et ne sont pas de nos amis!

«—Vous vous trompez, lui répliqua Pernety, s'ils ne pensaient pas bien, ils seraient de vos amis!»

«Ma réponse, dit Pernety, ne fut pas de son goût ; il n'ajouta pas un mot, me fit sa révérence et se retira[25].»

Le 16 janvier 1764, l'expédition fit voile vers les îles Malouines, où elle arriva le 2 février.

---

[25] *Voyage aux îles Malouines*, p. 255 de l'édition de 1770.

Afin de marquer la possession des îles par la France, M. de Bougainville fit construire un fort à l'endroit le plus élevé, proche de la côte, et il fit élever au sommet du fort une pyramide surmontée du drapeau français.

Pernety s'était chargé d'exécuter, en terre cuite, le buste de Louis XIV, pour le placer à côté du drapeau ; mais, après plusieurs tentatives infructueuses, il dut renoncer â son projet, en raison de la mauvaise qualité de la terre glaise de ces régions.

Lorsque tout fut près, le 24 février 1764, on assembla tout le monde au fort pour la cérémonie de prise de possession des îles Malouines. Pernety entonna le *Te Deum*, qui fut chanté par tous les assistants ; on cria sept fois *Vive le roi*, et vingt et un coups de canon furent tirés, après quoi les îles Malouines furent proclamées possessions françaises.

Pernety a consigné dans son *Journal* beaucoup d'observations sur les îles. Il rapporta en France de nombreux spécimens d'oiseaux et d'animaux qu'il empailla et en fit don au Cabinet d'histoire naturelle de l'abbaye de Saint-Germain-des-Prés [26].

Les explorateurs quittèrent les îles, pour rentrer en France, le 8 avril 1764, y laissant une colonie de dix-sept personnes sous le commandement de M. de Nerville, cousin de M. de Bougainville. Ils étaient de retour à Saint-Malo le 8 juin 1764.

Rentré dans son monastère de Saint-Germain-des-Prés, Pernety, curieux de savoir ce qu'il était advenu de la colonie restée aux îles Malouines, profita du départ d'une nouvelle expédition de M. de Bougainville pour le prier de vouloir bien lui donner quelques renseignements à son retour.

Depuis sa rentrée à Saint-Germain-des-Prés, la vie monastique devait paraître lourde à l'esprit aventureux de Pernety, car il tenta d'en secouer le joug en signant le 15 juin 1765, avec vingt-huit de ses collègues, une requête pour être dispensés de la règle. Celle-ci était cependant assez douce ; elle était même relâchée ; mais le moindre joug était devenu insupportable à Pernety, qui se posa hardiment en champion de cette dispense devant le chapitre général de la Congrégation. Les signataires de la requête n'obtinrent aucun résultat, sinon celui d'être fortement réprimandés par leur supérieur. Le 11 juillet suivant, Pernety et ses collègues durent se rétracter.

Entre temps, M. de Bougainville, qui était de retour des îles Malouines, apportait, pour Pernety, un long rapport de M. de Nerville sur tout ce qui s'était

---

[26] On lui doit aussi, en botanique *Pernettya* (Ericacées). Cf. *Historia rei herbaria*, de Sprengel.

passé aux îles depuis son départ. Mais il ne put voir Pernety, qui était au secret, en raison de sa participation à la tentative de dispense de la règle.

Navré de ce contretemps, de Bougainville lui écrivit le 26 août 1765 : «Me voici enfin de retour, mon cher compagnon de voyage. J'apprends en arrivant que je ne sçaurois vous voir et j'en suis désespéré. Soyez bien convaincu que personne n'est plus sensible que moi à tout ce qui vous arrive et que je donnerois tout au monde pour que vous eussiez fait le second voyage avec moi. Nous avons fait alliance avec ces Patagons si décriés et que nous n'avons trouvés ni plus grands, ni même aussi méchans que les autres hommes. Je vous envoie une lettre de mon cousin, qui s'est conduit comme un ange. Donnez-moi de vos nouvelles, je vous prie. Je vous embrasse, mon cher camarade, de tout mon cœur.»

«DE BOUGAINVILLE.»

Mais dom Pernety se montrait de plus en plus rétif à l'observance des constitutions de l'Ordre; bientôt, voyant que les choses ne marchaient pas à son gré, devant l'inutilité de ses efforts et entièrement dégoûté de son état, il abandonna soudain son couvent, quitta l'habit religieux et se rendit à Avignon, où nous allons le retrouver organisant un rite maçonnique.

# CHAPITRE II :
## PERNETY FRANC-MAÇON

Avignon, la ville des papes, fut au xviiie siècle l'un des principaux foyers de la maçonnerie française. Ce fut aussi l'un des premiers, puisqu'une loge y fut établie dès 1737.

Depuis que la papauté était retournée à Rome, Avignon était gouverné par des légats et des vice-légats, qui concentraient dans leurs mains les pouvoirs temporels et spirituels. Ils jouissaient dans Avignon de toutes les prérogatives souveraines, réunissant les pouvoirs exécutifs, législatifs et judiciaires.

Bien que possession pontificale, Avignon était une ville cosmopolite et la société avignonnaise de caractère assez libre. La cité était accueillante aux étrangers, qui y venaient en grand nombre en raison de sa position et de son climat.

Il y avait parmi eux beaucoup d'Écossais partisans des Stuarts chassés du trône d'Angleterre. Jacques III Stuart lui-même y avait passé près d'un an, d'avril 1716 à février 1717. Son fils, le prétendant Charles-Édouard, y séjourna également à plusieurs reprises.

Ce fut l'Écossais jacobite Mylord comte de Balmerino, grand maître de toutes les loges d'Angleterre, qui initia, en 1786, à la Franc-Maçonnerie le marquis de Calvière[27], lequel devint le fondateur et le Vénérable de la première loge avignonnaise Saint-Jean d'Avignon.

De composition aristocratique, la loge compta parmi ses membres le marquis de Labaume, futur comte de Luze, le chevalier de Mirabeau, père du marquis de Mirabeau, l'ami des hommes, le comte de Quinson, Ignace de Guillen, le marquis de Merle de Beauchamp, l'abbé de Crillon, le comte de Villeneuve, le marquis de Véry, le marquis de Malijac, toute l'aristocratie avignonnaise.

Au bout de quelque temps, les frères furent obligés d'interrompre leurs travaux. En mai 1738, le pape Clément XII fulmina la bulle *in Eminenti*, prohibant la Franc-Maçonnerie ; il disait : « Ces assemblées sont devenues si suspectes aux fidèles que tout homme de bien regarde aujourd'hui comme un signe peu équivoque de perversion le fait de s'y être affilié ; » en conséquence, sont frappés d'excommunication majeure ces ennemis de la sûreté publique ».

---

[27] Charles-François de Calvière, marquis de Vezenobres, qui fut premier page de Louis XIV et de Louis XV, puis lieutenant général des armées du roi, né à Avignon en 1693, mort en 1777.

Le Parlement de Paris ayant refusé d'enregistrer la bulle, les francs-maçons français — malgré que le clergé en ait donné connaissance aux fidèles — pouvaient légalement l'ignorer et enfreindre la défense papale. Mais il n'en allait pas de même pour les membres de la loge Saint-Jean d'Avignon, laquelle, se trouvant en territoire pontifical, dut être « mise en sommeil ».

Elle reprit néanmoins ses travaux en 1748, avec le comte de Villeneuve pour Vénérable.

Le 12 mai 1749, une nouvelle loge, de composition bourgeoise, fut créée à Avignon, sous la dépendance de la loge *la Réunion des Élus* de Montpellier, et sous la protection du comte de Clermont. La nouvelle loge prit le nom de *Saint-Jean-de-la-Persévérance.*

Les deux loges d'Avignon travaillèrent d'abord côte à côte, puis elles fusionnèrent le 24 août 1749 sous le titre de *Saint-Jean de Jérusalem* d'Avignon. Les réunions se poursuivaient régulièrement, lorsque, vers mai 1750, quelques indiscrétions inquiétèrent les frères. Plusieurs membres de l'ancienne loge aristocratique n'assistaient d'ailleurs plus aux réunions, et il y eut bientôt comme deux partis dans la loge l'un aristocratique et l'autre simplement bourgeois. D'autre part, depuis quelque temps, l'hostilité des pouvoirs publics se dessinait plus nettement. Aussi un certain nombre de frères ceux composant le parti aristocratique annoncèrent-ils, le 3 novembre 1750, qu'ils s'abstiendraient désormais d'assister aux tenues, tout en se réservant le droit de s'assembler entre eux « quand ils le jugeraient à propos et en tel lieu qu'il leur paraîtrait convenable ». Ainsi, ils ne renonçaient pas à la Franc-Maçonnerie, mais ils formaient un groupe à part.

Les scissionnaires furent « exclus à perpétuité ». Ils fondèrent alors une nouvelle loge, à laquelle ils donnèrent la dénomination de *Sectateurs de la Vertu.* Cette loge, qui restait secrète, sans rapport avec la loge de la *Persévérance*, fut considérée par celle-ci comme irrégulière.

En 1751, le pape Benoît XIV renouvela solennellement, par la bulle *Providas Romanorum Pontificum*, les prohibitions de son prédécesseur Clément XII contre les assemblées secrètes où « s'associent indistinctement les hommes de toute secte et de toute religion, d'où il résulte un grand dommage pour la pureté de la religion catholique ».

L'archevêque d'Avignon, Mgr de Crochans, ayant proclamé, par ordonnance du 22 juillet 1751, la bulle dans son diocèse, les loges avignonnaises durent à nouveau interrompre leurs réunions. Cette interruption fut assez longue, et il ne fallut rien moins que l'arrivée à Avignon de Dom Pernety pour y réveiller la maçonnerie.

Depuis quand Pernety était-il franc-maçon ? Où avait-il été initié ? Ce sont là des questions que nous n'avons pu résoudre. Toujours est-il qu'en 1766, quelques mois à peine après son arrivée à Avignon, nous le trouvons propageant un nouveau régime maçonnique, qui fut appelé *rite hermétique* ou *rite de Pernety*. Ce rite fut pratiqué par les membres de la loge aristocratique des *Sectateurs de la Vertu*.

Le régime institué par Pernety comportait six degrés en plus des trois degrés symboliques.

En voici la nomenclature :

1. Vrai maçon.
2. Vrai maçon dans la voie droite.
3. Chevalier de la Clef d'or.
4. Chevalier de l'Iris.
5. Chevalier des Argonautes.
6. Chevalier de la Toison d'or.

Le régime de Pernety était entièrement basé sur l'hermétisme. L'enseignement hermétique était donné dès le grade de Vrai maçon par l'orateur de la loge : « La science à laquelle nous vous initions, disait l'orateur au nouvel initié, est la première et la plus ancienne de toutes les sciences. Elle émane de la nature, ou plutôt c'est la nature elle-même, perfectionnée par l'art et fondée sur l'expérience. Dans tous les siècles, il y a eu des adeptes de cette science ; et si, de nos jours, des chercheurs y consument en vain leurs biens, leurs travaux et leur temps, c'est que, loin d'imiter la simplicité de la Nature et de suivre les voies droites qu'elle trace, ils la parent d'un fard qu'elle ne peut souffrir et s'égarent dans un labyrinthe où leur folle imagination les entraîne.

« De là, les railleries de ces profanes qui, sans respect pour Dieu, sans estime pour l'art, tournent en dérision nos plus sérieux mystères.

« De là, le ridicule affecté de ces indolents qui, à moins qu'un esprit habile et une main laborieuse fassent pour eux tous les frais de la découverte et du travail, méprisent tout ce qu'ils n'ont ni la force d'imaginer, ni le courage d'exécuter.

« De là, les libelles injurieux de ces téméraires qui, avec une hardiesse pleine de mauvaise foi, osent mettre la vérité et la science hermétique au rang des inventions fabuleuses et des superstitions populaires, sans autre motif que l'envie d'en infirmer l'authenticité et l'impossibilité d'en détruire le témoignage.

« Abandonnons ces enfants des ténèbres à toute la honte de leurs idées vaines et inconséquentes. Pour nous, vrais enfants de la lumière et sincères amis de l'humanité, qui voyons la vérité dans nos enseignements, jouissons des avantages et des douceurs qu'elle nous procure [28].»

Le Vénérable, à son tour, expliquait que la maçonnerie hermétique, « qui n'est autre que la science couronnant tout ce que le génie humain a pu concevoir de plus sublime », est appuyée sur trois colonnes :

La *Foi*, qui doit devancer tout travail hermétique ;

L'*Espérance*, qui l'accompagne ;

La *Charité*, qui suit le succès du travail une fois terminé.

Après avoir fait remarquer aux maîtres-maçons candidats au grade de vrai-maçon qu'ils ne comprendraient bien le sens caché du grade de maître qu'après qu'ils auraient été initiés à la science d'Hermès, le Vénérable leur enseignait que le corps d'Hiram enterré signifiait que dans la terre était enfermé le plus beau des secrets. En creusant la terre, ils avaient rencontré la *pierre brute* et le corps d'Hiram en putréfaction. Le corps d'Hiram représentait la *matière première* du Grand Œuvre hermétique, et ce corps était en putréfaction pour indiquer que cette matière première ne pouvait reproduire qu'après la putréfaction.

Hiram était symbolisé en loge par le Vénérable siégeant à l'Orient, indiquant par là qu'après la putréfaction la matière première (Hiram) allait devenir la source vive de l'œuvre et que cette matière devait être exposée aux rayons du soleil, du levant au couchant.

Le candidat avait dû se coucher sur le tableau de la loge, au-dessus du corps d'Hiram, et on l'avait aidé à se relever en le tirant par le doigt, pour lui rappeler que tout vrai-maçon doit s'assurer si la matière première (le Vénérable symbolisant Hiram) était pourrie avant de passer à la deuxième opération.

On expliquait encore au candidat qu'on lui avait mis le bandeau sur les yeux afin de bien lui rappeler que, quoique maçon, il était encore dans les ténèbres,

et que le mot Force qu'il avait vu inscrit sur l'étoile flamboyante, lorsqu'on lui avait enlevé le bandeau, signifiait la matière noire, indice de la Putréfaction ; le mot Sagesse, inscrit sur la lune, signifiait la matière blanche, signe de la purification, et le mot Beauté, inscrit sur le soleil, symbolisait la matière rouge, source de tous biens. Ainsi étaient enseignées les différentes phases de l'œuvre hermétique.

Les autres grades étaient le développement de l'œuvre, avec un symbolisme se rapportant aux légendes grecques expliquées d'après les principes des *Fables égyptiennes et grecques* de Pernety.

---

[28] Ragon, *Orthodoxie maçonnique*, p. 517-518.

Peu après, Pernety créa un nouveau grade, celui de chevalier du Soleil, dont le rituel contenait un cours complet d'hermétisme et de gnose.

Le séjour à Avignon, pour un religieux en rupture de ban, était peu sûr. Aussi, peu après son arrivée dans la capitale du Comtat-Venaissin, Pernety, par crainte des persécutions, crut prudent de quitter Avignon. Il quitta même la France et partit pour Berlin, où le roi Frédéric II accueillait avec bienveillance les émigrés étrangers, et particulièrement les Français.

Le roi Frédéric, que ni les soins de la royauté ni l'ambition des conquêtes n'avaient pu détourner de l'étude des lettres et de la philosophie, et qui, au milieu de tous ses titres, aspirait peut-être avant tout à celui de bel esprit, affectionnait particulièrement la France ; il cherchait à réunir autour de lui les hommes les plus distingués de France par leurs écrits et surtout par la hardiesse de leurs opinions. Le marquis d'Argens, de Maupertuis, de la Beaumelle, Offray de la Mettrie, l'abbé de Prades, connus et même persécutés pour leurs écrits philosophiques, avaient trouvé asile auprès de lui. Voltaire ne devait pas tarder à venir les rejoindre, et ce devait être un spectacle plutôt singulier que ce roi guerrier, soldat tout le jour, devenant intellectuel le soir et s'entretenant, en toute liberté, au cours de ces soupers que Voltaire nous a représentés comme si agréables, de questions morales, politiques, religieuses, de littérature et de philosophie.

Dès qu'il fut informé de l'arrivée de dom Pernety à Berlin, le roi lui fit offrir le poste de conservateur de la bibliothèque de cette ville, avec le titre de membre de l'Académie royale de Berlin et 1,200 rixdales d'appointements. Pernety accepta cette offre avec empressement. Peu après, le roi le fit pourvoir de l'abbaye de Burgel en Thuringe, et il étendit sa faveur sur un de ses frères qui était venu le rejoindre à Potsdam.

Or, chose singulière et drolatique à la fois, il paraît qu'en offrant ce poste et ce titre à dom Pernety, Frédéric II, égaré par la similitude des noms, avait cru adresser cette invitation à l'abbé Jacques Pernetti, son cousin, dont il se souvenait avoir lu avec beaucoup d'intérêt dans sa jeunesse la traduction allemande des *Lettres philosophiques sur les Physionomies*, dont nous avons parlé au début de cette étude.

Néanmoins, en souvenir de l'abbé, le roi de Prusse traita bien le bénédictin.

Celui-ci, d'ailleurs, peu après son arrivée à Berlin, fit paraître un *Discours sur la Physionomie et les connaissances physiognomoniques*[29], dans lequel il reprenait et développait certaines idées de son cousin l'abbé Pernetti.

Il s'efforçait de démontrer que les hommes ont dans leur physionomie une

---

[29] 1 vol. in-8°. Berlin, chez Decker, imprimeur du roi, 1769.

preuve claire et animée de ce qu'ils sont en réalité, et que l'assemblage de ce qui forme leur visage suffit pour assurer quelle est leur âme. La physionomie, disait-il, n'est autre chose, ainsi que son nom l'indique, que la *règle de la nature* que celle-ci nous a donnée pour juger les hommes. Elle est un miroir à l'abri de toutes les altérations que la vanité ou les autres passions pourraient inventer ; on y aperçoit jusqu'aux efforts que l'on fait pour se cacher, jusqu'au voile dont on l'enveloppe, et si nous pouvons varier nos discours comme il nous plaît, faire dépendre nos actions selon les circonstances, il y a une chose qui ne varie pas c'est le caractère, qui est décelé par la physionomie.

Ce livre donna lieu à des controverses avec Lecat.

Vers la même époque, Pernety soutint, en outre, une polémique assez piquante avec l'abbé de Pauw au sujet des Américains.

L'abbé Corneille de Pauw, célèbre érudit hollandais, avait publié à Berlin en 1768-1769 deux volumes de *Recherches philosophiques sur les Américains*. Esprit critique fort brillant, mais souvent hasardé, il avait mis en avant des idées quelque peu paradoxales et des assertions tranchantes qui rencontrèrent d'éminents contradicteurs, entre autres Voltaire, de Guignes et Pernety.

Au commencement du XVIᵉ siècle, les théologiens avaient soutenu dans les écoles que les Américains n'étaient pas des hommes et qu'ils n'avaient point d'âme. Sepuldeva alla même jusqu'à déclarer qu'on pouvait les massacrer sans commettre de péché, même véniel. De Pauw soutenait qu'on avait évidemment eu tort de refuser aux Américains le titre d'hommes, et plus grand tort encore de les massacrer ; mais il déclarait que les Américains étaient une race d'hommes dégénérés par l'inclémence du climat, et il affirmait de plus que les Européens qui allaient s'établir en Amérique y dégénéreraient aussi. De plus, les premiers explorateurs de l'Amérique avaient signalé que les Américains étaient imberbes depuis le nord de l'Amérique jusqu'au Pérou, ils n'avaient pas rencontré un seul homme qui ait de la barbe. Ce caractère singulier avait servi d'argument aux théologiens qui soutenaient que les Américains n'étaient pas des hommes : ils n'ont pas, disaient-ils, le signe de la virilité que la nature a donné à tous les peuples du monde, hormis à eux seuls.

Dans une dissertation qu'il lut à l'Académie de Berlin le 7 septembre 1769 et qu'il publia sous le titre de *Dissertation sur l'Amérique et les Américains contre les Recherches philosophiques de M. de P...* [30], Pernety attaqua de Pauw. « Les Américains, écrit-il, loin d'être une race d'hommes dégradés et dégénérés de la nature humaine, ont tout ce qui caractérise la perfection : belle taille, beau corps bien

---

[30] 1 vol. in-8°, 239 p. Berlin, 1770.

proportionné ; aucun bossu, tortu, aveugle, muet ou affecté d'autres infirmités si communes dans notre continent ; une santé ferme, vigoureuse, une vie qui passe ordinairement les bornes de la nôtre, un esprit sain, instruit, éclairé et guidé par une philosophie vraiment naturelle et non subordonnée comme la nôtre aux préjugés de l'éducation ; une âme noble, courageuse ; un cœur généreux, obligeant ; que faut-il de plus à M. de P... pour être véritablement homme ? » (p. 198-199).

De Pauw répondit par une *Défense des Recherches philosophiques sur les Américains*[31], dans laquelle il répliqua en citant les récits des voyageurs qui ont séjourné pendant plusieurs années chez les Américains et qui ont dépeint toutes les maladies qui ravagent ces populations : lèpre, mal de Siam, mal vénérien, petite vérole, etc. « Pourquoi dom Pernety veut-il qu'on le croye sur sa parole et qu'on refuse toute croyance à M. de la Condamine, qui a séjourné dix ans parmi ces Américains et nous les a dépeints tels qu'il les a vus, alors que dom Pernety n'a été qu'aux isles Malouines, où il n'a pas vu des Américains, ces isles n'ayant jamais été habitées ? » (p. 84).

Pernety ne se tint pas pour battu. Il revint à la charge eu 1771 dans un *Examen sur les Recherches philosophiques de de Pauw sur les Américains*[32], qui n'est qu'une édition augmentée de la *Dissertation*.

Peu à peu, la querelle s'envenimait. Pernety accusait de Pauw d'avoir décrié les Américains afin d'humilier l'espèce humaine, et il écrivait : « Lorsque j'entre dans les tabagies angloises, hollandoises, flamandes, ou dans les musicaux allemands, danois ou suédois, il me semble être transporté dans un carbet de Caraïbes ou de sauvages du Canada. » A quoi de Pauw répliquait que toutes ces nations d'Europe sont très respectables et que la comparaison était basse et outrée, ajoutant : « Le critique (Pernety), en comprenant dans son énumération presque toute l'Europe, a eu grand soin de ne pas parler des François, ce qui feroit soupçonner qu'il est lui-même François ! Quand on l'entend faire l'apologie des Bénédictins, alors on s'aperçoit qu'il est lui-même bénédictin ! Je ne disconviens pas qu'il ne soit louable d'aimer l'ordre monastique où on est entré pour faire son salut et d'aimer encore la nation où l'on est né, mais il ne faut pas pour cela vouloir insulter les autres nations, parce qu'elles n'ont point chez elles de couvents de Bénédictins ! » (p. 234).

Enfin, de Pauw accusait nettement Pernety d'avoir trop peu approfondi les choses pour pouvoir les traiter avec quelque précision.

---

[31] 1 vol. in-8°. Berlin, 1770. Deuxième édition augmentée en 1772.
[32] 2 vol. in-8°. Berlin, 1771.

Assurément, de Pauw avait tort en soutenant que les Américains étaient des hommes dégénérés, et il avait tort en affirmant que les Européens qui allaient s'établir en Amérique y dégénéreraient de même. Les habitants du Nouveau Monde, d'origine européenne, ont bien prouvé, depuis, que leur avocat Pernety était dans le vrai!

Malgré son éloignement d'Avignon, Pernety était néanmoins resté en relation avec ses adeptes. Peut-être même y revint-il, car d'après Clavel ce fut lui qui fonda en 1770 la grande loge écossaise du ComtatVenaissin. En réalité, cette grande loge n'était autre que la loge Saint-Jean d'Écosse, qui prit le titre de Mère-Loge.

En 1776, la Mère-Loge du Comtat-Venaissin céda ses titres à la loge Saint-Lazare de Paris, qui devint la loge Saint-Jean d'Écosse du Contrat social et qui se qualifia plus tard de Mère-Loge écossaise de France[33].

La Mère-Loge écossaise de France, qui avait à sa tête le frère Boileau, médecin de Pans et l'un des plus distingués adeptes de Pernety, professait la maçonnerie hermétique d'Avignon. Toutefois, en 1778, elle modifia les degrés d'instruction du rite de Pernety, en portant à douze le nombre des grades :

1, 2, 3. Chevalier de l'Aigle noir, ou souverain prince rose croix d'Heredom de la Tour (divisé en trois parties).
4. Chevalier du Phénix.
5. Chevalier du Soleil.
6. Chevalier de l'Iris.
7. Vrai maçon.
8. Chevalier des Argonautes.
9. Chevalier de la Toison d'or.
10. Grand inspecteur, parfait initié.
11. Grand inspecteur, grand Écossais.
12. Sublime maître de l'Anneau lumineux.

Le rituel manuscrit des chevaliers de l'Aigle noir, souverains princes rose-croix[34], divisé en trois grades, est un des plus curieux qui existent. C'est un

---

[33] La Mère-Loge Écosse de France résista à toutes les tentatives faites par le Grand-Orient de France pour la faire rentrer sous son obédience. Elle devint, d'une part, la rivale de la Grande Loge anglaise de France et constitua de nombreuses loges en Provence, dans le Levant et les colonies. Elle dut en 1793 interrompre ses travaux et ne les reprit qu'en 1801 pour les cesser définitivement en 1815 (G. Bord. *La Franc-Maçonnerie en France*).
[34] Bibliothèque Calvet d'Avignon. Manuscrit n° 8038.

véritable traité de magie, d'alchimie et d'astrologie. Il y est dit que ce rituel a été tiré du trésor cabalistique du docteur et rabbin Néamuth, chef de la synagogue de Leyde, en Hollande.

Insensiblement, Pernety avait joint à l'hermétisme des préoccupations mystiques. Il avait lu les ouvrages de Jacob Bœhme, le cordonnier théosophe, de Swedenborg, le voyant suédois ; le mysticisme l'envahissait chaque jour davantage.

Dans des *Mémoires sur les Énigmes* qu'il présenta en 1778 à l'Académie de Berlin, il se montra partisan de la métempsycose qu'il explique ainsi : « L'ordre qui règne dans l'univers est une suite des lois de la nature, qui forme, altère, corrompt, forme de nouveau et détruit sans cesse, pour donner successivement l'existence à des êtres ou semblables à ceux qu'elle avait formés, ou différens. Mais cette destruction n'est qu'un changement de manière d'exister, car tous les êtres ont une existence commune avec le tout dont ils sont les parties animées et vivantes, par le même principe qui vivifie la race entière. » Ce sont ces principes, disait-il, que Pythagore a présentés sous le nom de métempsycose, si mal entendue et, par conséquent, si mal interprétée par les commentateurs tant anciens que modernes. « On a défini la métempsycose une translation de l'âme d'un être vivant dans le corps d'un autre individu qui n'était vivant qu'en puissance. On dit que Pythagore puisa le système de la métempsycose dans les instructions qu'il reçut des prêtres d'Égypte, mais ni ceux-ci, ni les académiciens grecs, disciples de Pythagore, n'entendirent par ce terme la translation de l'âme intelligente d'un homme dans le corps d'un autre homme ou d'un animal ; mais la translation ou plutôt la transfusion totale ou partielle de l'âme animale ou animante d'un être dans un autre être, que la nature a formé de nouveau, pour lui donner une vie conforme à sa manière d'exister, suivant son genre ou son espèce. Tout se résout en ce dont il est composé, tout retourne à son principe. Chaque individu est en puissance dans le monde avant que de paraître sous sa forme individuelle et retournera dans son temps et à son tour au même point d'où il est sorti, pour renaître sous la même forme, ou sous une forme différente. »

Vers cette époque, les théories de Lavater commençaient à se répandre en Allemagne. On les discutait dans certains groupes mystiques, et lorsqu'en 1775 parut le premier volume des Fragments physiognomonistes, dont le succès fut très grand, il provoqua de vives polémiques.

Pernety crut devoir reprendre à nouveau l'examen de ce problème toujours d'après les principes exposés par son cousin dans les *Lettres sur la Physionomie* et il publia en 1776 son livre sur la *Connaissance de l'homme moral par celle de l'homme physique*[35], qu'il compléta l'année suivante par les *Observations sur les maladies de l'âme*[36].

Dépassant les problèmes ordinaires de la physionomie, Pernety abordait des questions plus abstruses, comme celle de l'inégalité des âmes. Il y en avait d'espèces différentes, et c'est ce qui causait leurs inégalités. L'espèce supérieure était naturellement la moins abondante. Les âmes, disait-il, désirent ardemment s'unir aux corps ; aussi, attentives à la formation des corps, elles y entrent le plus tôt qu'elles peuvent ; parfois même elles se disputent à qui entrera la première et il arrive que deux âmes, ne pouvant l'emporter l'une sur l'autre, y entrent ensemble. Ce mélange de deux âmes dans un seul corps fait les oppositions marquées, les caractères indéfinissables, qui ne s'accordent jamais avec eux-mêmes, qui haïssent et aiment en même temps et d'où résulte ce que l'on peut appeler les maladies de l'âme.

Pernety était, on le voit, en plein mysticisme. Il n'allait pas en rester là il allait, peu à peu, devenir un homme nouveau, une manière d'inspiré, de voyant, d'illuminé. Son illuminisme n'allait pas être celui de Weishaupt, mais une sorte de religion de l'occulte, mélange de casuistique, d'extase, d'astrologie, de cabale et d'hermétisme.

---

[35] 1 vol. in-8°. Berlin, chez Decker, 1776.
[36] 2 vol. in-8°. Berlin, chez Decker, 1777.

# CHAPITRE III :
## PERNETY ET LE GROUPE DES ILLUMINÉS DE BERLIN

Pernety avait fait la connaissance, à Berlin, de personnes s'occupant activement de sciences occultes et d'alchimie.

Ce goût pour les recherches hermétiques avait connu en Allemagne un renouveau qui avait été provoqué par des découvertes en physique et en chimie et alimenté par un courant mystique assez profond. Les hermétistes avaient trouvé dans la Franc-Maçonnerie des hauts grades, des centres où ils pouvaient en toute tranquillité se livrer à leurs recherches favorites.

Les symboles maçonniques étaient interprétés comme des hiéroglyphes alchimiques et magiques, et les cahiers des grades, communiqués seulement sous le sceau du secret, enseignaient les principes de l'astrologie, de l'alchimie et de la magie.

L'association des Rose-Croix d'or, souchée sur la Franc-Maçonnerie, se consacrait entièrement aux travaux hermétiques et magiques et promettait à ses adhérents de leur faire connaître les procédés de fabrication de la pierre philosophale et l'art de se mettre en communication avec les esprits.

Pernety, par son savoir et sa réputation, acquit bientôt une place à part dans ces groupes occultes. Des chercheurs se rangèrent autour de lui, et il devint le chef d'un petit groupe d'hermétistes qui se réunissaient pour travailler en commun et chercher avec ardeur la pierre philosophale, en même temps que, dans les combinaisons des nombres, les réponses aux problèmes qui les intéressaient. Pernety était guidé dans ses recherches par un esprit supérieur, un ange du premier degré, Assadaï, qui veillait sur lui, l'aidait de ses conseils, et ne devait regagner les régions éthérées que lorsque Pernety aurait découvert le secret du Grand Œuvre.

Du nombre des adeptes rangés autour de Pernety était le comte polonais Thaddeus Leszczy Grabianka, Staroste de Liva, qui signait généralement comte Ostap, polonais[37].

Né en Pologne vers 1745, il avait fait ses études en France et avait passé une partie de sa vie à Paris.

---

[37] Il existe une lettre autographe de Grabianka signée *Ostap polonais* dans le dossier de la correspondance d'Esprit Calvet, à la bibliothèque d'Avignon (manuscrit n° 3050).

Personnage excentrique, exubérant, à l'imagination sans frein, il avait rêvé de conquérir la Palestine et tenté vainement de se faire décerner la couronne de Pologne, à laquelle il prétendait avoir des droits.

Déçu dans ses ambitions, il s'était retiré à Berlin, où il avait fait la connaissance de Pernety et s'était affilié à son groupe.

Fanatique à l'excès, dès qu'il embrassait une idée il s'efforçait de la faire partager à son entourage. Aussi sa femme, sa fille Annette, sa belle-mère la comtesse Staniska, sa sœur Thècle, son beau-frère le comte Amor Tarnowski, des amis, le comte Ronnikier et sa femme,

Borelli et sa femme, Mlle Bruchier, gouvernante de la jeune Annette, Mlle Bald, lectrice de la comtesse Ronnikier, furent-ils bientôt enrôlés par ses soins dans le groupe de Pernety.

Un autre membre influent était l'abbé Louis-Joseph-Philibert Guyton de Morveau, généralement appelé Brumore. Il était originaire de Dijon, fils d'Antoine Guyton, professeur de droit, et frère cadet du célèbre chimiste Louis-Bernard Guyton de Morveau.

Très en faveur à la cour de Berlin, il avait prédisposé à l'illuminisme et à l'hermétisme l'héritier de la couronne et recruté l'adhésion du prince et de la princesse Henri de Prusse. Le prince Henri, frère du roi, vivait retiré dans son château de Reinsberg, près de Berlin, entouré seulement de quelques amis avec lesquels il aimait parler de religion et de métaphysique. Un théâtre français qu'il avait fait installer dans son château et pour lequel il avait réuni une troupe de comédiens français était sa seule distraction.

Parmi ces comédiens était Bauld de Sens, qui devait apporter au petit groupe de Pernety un concours des plus actifs. Enfin, le financier Morinval et deux Anglais, les frères Bousie, complétaient le groupe des premiers adhérents.

Le comédien Bauld de Sens avait entre les mains deux livres très rares, (jeux livres sans pareils, qu'il remit à Pernety et Brumore le *Livre de Mardochée* et le *Livre d'Élie Artiste*, qui contenaient l'un et l'autre des procédés pour la réalisation du Grand Œuvre.

Qu'est-ce donc que ce Mardochée? A coup sûr, pas celui de la Bible! Mardochée-ben-Hillel, rabbin allemand supplicié en 1310 pour ses pratiques cabalistiques? Ou Mardochée le Beau, prince des Synagogues, qui publia vers 1600 le *Busch-Malchut* (*Le Vêtement royal*), dont les cinq premiers chapitres traitent des rites et cérémonies et les cinq autres sont exégétiques, philosophiques et cabalistiques? Je ne sais! Peut-être un hermétiste plus moderne, qui se cachait sous ce pseudonyme, comme cet *Élie Artiste*, auteur de l'autre ouvrage rarissime remis par le Sénonais Bauld à Pernety!

Le nom véritable d'Élie Artiste n'est pas davantage connu, sinon sous les initiales de R. E. J. D.

Une lettre, adressée de Rome par Brumore au *Journal encyclopédique* et publiée dans le numéro de décembre 1785[38], nous apprend qu'Élie Artiste, qui habitait alors dans le nord de l'Allemagne, avait été un ami intime de Swedenborg. Il avait publié un ouvrage sur la *Bénédiction des nations* et un autre sur les *Douze testaments des premiers patriarches*, écrits, à dessein sans doute, dans un style quelque peu apocalyptique. Il prétendait avoir une mission particulière à remplir, mission consistant à mettre à la portée de tout le monde une science à laquelle on ne croyait plus, la science hermétique: «C'est dans l'intention de la propager sans doute qu'à la suite d'une *Physique de la nature* il publia, il y a quelques années, un traité du Grand Œuvre, sans figures, sans allégories, sans réticences et sans emblèmes.» Dans ce traité, intitulé *Elias Artista*[39], il ne craignait pas de renverser les principes des anciens hermétistes et d'enseigner de nouveaux préceptes, en donnant une explication claire des énigmes qu'ont laissées les anciens philosophes.

«Est-il donc véritablement, se demande Brumore, cet Élie dont Philalèthe nous annonce le retour? Est-il celui que les enfants d'Israël ont attendu si longtemps? C'est ce que je ne prétends pas déterminer; ce qui est vrai, c'est que ses œuvres, comme son nom, concourent en quelque manière à prouver la mission qu'il veut qu'on lui reconnoisse, et que tout ce qui a transpiré de lui ne la dément point.»

Ajoutons que cet Élie Artiste avait parcouru les principales villes d'Allemagne en opérant des cures extraordinaires, des prodiges et des transmutations qui avaient été attestés par différents magistrats et notamment par ceux de Hambourg, dont les attestations étaient reproduites dans un rapport qu'ils avaient fait imprimer.

Notons aussi qu'à l'époque où écrivait Brumore le traité *Elias Artista* était déjà très rare.

Élie Artiste enseignait également l'art de consulter les puissances invisibles au moyen de la cabale et de la science des nombres.

«Ce n'est pas à ceux qui ont déjà quelque idée de la science des nombres ou de l'art véritablement cabalistique, écrit-il, qu'il faut prouver son existence. Ce n'est

---

[38] Lettre à M. le marquis de Thomé, *Journal encyclopédique*, décembre 1785.
[39] *Elias Artista. Das Geheimnisz von dem salz als dem edelsten Wesen der hochsten Wohlthat Gottes in dem Reich der Natur, beides in seinem wesen und in seinem Eigenschaften aus eigener Bemuhung untersucht. Gottlicher Weiszheit zum Vortheil geschrieben und herausgegeben von Elias Artista Hermetica.* In-8°, 142 p., cartonné. *Sine l,* 1770.

pas à eux qu'il faut démontrer que d'une combinaison parfaite, il peut résulter des vérités, mais c'est à ceux qui demandent quels sont les principes de cette science qu'il faut répondre, selon la tradition qui la conserve, qu'elle est encore un de ces avantages dont il a plu au créateur des êtres de distinguer dans tous les temps ceux qu'il avait prédestinés à recevoir immédiatement sa loi. »

Élie Artiste dit que cette connaissance appartenait aux Chaldéens avant l'usage qu'en fit Moïse parmi les enfants du peuple de Dieu : « Il existe dans cette science, ajoute-t-il, quelque chose de surnaturel et divin, et pour que le merveilleux en soit possible, il faut que l'homme ne puisse ni ajouter ni retrancher à son principe. En effet, dans la base donnée, la moindre interversion, en décomposant et en détruisant les résultats, ne présente plus qu'une confusion inextricable, qu'un chaos monstrueux que l'application la plus laborieuse ne peut ni surmonter ni rétablir. Cette base, placée dans l'ordre cabalistique, n'est et ne saurait être que le résultat d'un arrangement, d'une économie distributive juste et parfaite d'une intelligence supérieure, à laquelle celle de l'homme et surtout celle du hasard ne peuvent atteindre... Est-il donc si extraordinaire qu'il en résulte des effets si merveilleux et que l'ordre de ces opérations sublimes parvienne à s'approprier l'ordre des choses, comme l'avait déjà dit ce philosophe qui prétendait que c'était le moyen dont la divinité s'était servi pour établir celui de l'univers ? Si cette science s'est perdue entre les mains des hommes, c'est qu'en raison de leur orgueil : ils ont abandonné toutes les sources où leur esprit ne participait pas ; c'est qu'il leur a répugné d'avouer que par le prestige d'une opération cabalistique on pût obtenir une force au-dessus de leur raison ; c'est enfin parce que des mystères aussi incompréhensibles répugnaient à cet orgueil de raisonnement qui veut tout comprendre, comme à celui de l'opinion, qui désigne ou rejette tout ce que le premier ne comprend point. »

On peut voir, d'après cette citation, que des intelligences supérieures intervenaient dans les opérations de la vraie science des nombres, « qu'il ne faut pas confondre, dit Élie Artiste, avec ces calculs prétendus de divination cryptographique qui semblent, au premier coup d'œil, dériver de la même source et remplir le même objet ».

L'intelligence invisible qui répondait aux questions posées par Pernety et ses amis était désignée par eux sous le nom de Sainte-Parole.

Il existe à la bibliothèque Calvet, à Avignon, un étrange cahier manuscrit (n° 3090) qui nous révèle l'état d'âme de Pernety et de ses fidèles durant leur séjour en Allemagne, de 1779 à 1783, et les premières années de leur séjour à Avignon, de 1783 à 1785. Ce manuscrit, de 155 pages, écrit de la main de Pernety, fut saisi chez lui pendant la Révolution. Il n'est autre que le compte-rendu des évocations et des questions faites par les initiés à la Sainte-Parole, et des réponses de cette puissance. Les noms des premiers initiés y sont inscrits avec un numéro, qui est le nombre occulte de chacun, servant de base aux opérations cabalistiques pour consulter la Sainte-Parole. Pernety a le nombre 135.

Nous allons examiner ce manuscrit, qui va nous permettre de pénétrer dans l'intimité du groupe des initiés berlinois et de les suivre à travers leurs pérégrinations. La forme énigmatique des réponses de la Sainte-Parole rend la lecture et l'analyse de ce cahier parfois difficiles, mais son examen nous fera néanmoins mieux connaître Pernety et ses amis et nous aidera grandement à comprendre leur état d'âme.

Le manuscrit commence à la date du 15 janvier 1779. Pernety est à Berlin, sur le point d'entreprendre avec ses amis les opérations du Grand Œuvre. Il a en sa possession deux cahiers manuscrits contenant chacun un procédé différent pour la réalisation de la pierre philosophale.

L'un est attribué à Flamel, l'autre à Mardochée. Pernety pensait qu'ils contenaient l'un et l'autre le procédé exact du Grand Œuvre. Néanmoins, il croyait celui attribué à Flamel plus pratique, et, afin d'en avoir la confirmation, il demanda à la Sainte-Parole de bien vouloir lui indiquer nominalement celui qu'il devait suivre. La réponse fut Mardochée. Et, comme il insistait, demandant à nouveau si ce n'était pas plutôt par l'intermédiaire de Flamel qu'il réussirait à faire la poudre de projection, la Sainte-Parole lui répondit :

— « Ce n'est pas la première fois que tu t'abuses. L'orgueilleux comme l'insensé caresse la chimère de ses illusions. Tu crois comprendre et tu ne comprends pas… Travaille suis ton guide… »

Les jours suivants, Pernety questionna la Sainte-Parole sur la forme et la matière du fourneau à employer, celles des creusets et des alambics, la teinte des verres, des lentilles et des capsules. Rien, on le voit, n'était fait sans l'assentiment de la Sainte-Parole. Enfin, lorsque tout fut prêt, Pernety, Brumore et Morinval entreprirent les travaux sur la matière première qu'ils avaient reçue d'Élie Artiste, par l'intermédiaire de Brumore.

Les opérations étaient effectuées selon l'art, lorsque, le 8 juin, Morinval renversa par mégarde le creuset dans lequel il avait mis la matière première pour la faire fondre et en remplir douze flacons. Il ne resta plus de matière que pour deux flacons. Brumore rejoignit tout ce qui était resté attaché au creuset, et, ayant demandé à Élie Artiste ce qu'il en pouvait faire, il lui fut répondu qu'il pouvait s'en servir pour faire l'huile lumineuse.

Le 21 février 1779, la Sainte-Parole avait déclaré à Pernety qu'il était destiné à une grande œuvre, qu'il serait consacré d'une manière occulte et qu'il deviendrait un homme régénéré, un enfant de Sabaoth. Une société devait se former, qui serait le point de départ du nouveau peuple de Dieu. Pernety et ses amis avaient été choisis pour en être le centre, autour duquel viendraient se grouper les nouveaux élus. L'admission devait se faire par une cérémonie qui s'appellerait la consécration. Cette cérémonie devait s'accomplir au sommet d'une colline des environs de Berlin et qui serait dénommée «le désert». Elle aurait lieu chaque matin au lever du soleil et devait durer neuf jours. Chaque candidat devait dresser, au sommet de la colline, un autel de gazon, appelé *Autel de puissance*, sur lequel il brûlerait de l'encens et jurerait de se consacrer au service de Dieu, par une alliance avec l'Éternel. En retour, il pourrait obtenir la faveur de voir son ange ou obtenir une grâce spéciale. Cette alliance s'appellerait : *faire un Jéhovah*.

La première personne à qui Pernety fut autorisé à parler de la nouvelle société fut Brumore. Celui-ci, à son tour, demanda à la Sainte-Parole si Pernety et lui pouvaient associer le comte Grabianka à la consécration qu'ils se proposaient de faire sur la montagne.

La réponse fut celle-ci :

— «O mon fils, son cœur est pur. Ne crains pas de mêler ton encens avec le sien parce qu'il deviendra un jour sept fois plus grand que toi! Bénis Dieu, humilie-toi, parce que celui qui s'humilie sera glorifié ; mais souviens-toi que celui qui doit suivre ne doit pas marcher le premier.»

Brumore se disposait à consacrer Pernety et Grabianka, selon la formule qui lui avait été révélée ; mais la réponse qui venait de lui être faite par la Sainte-Parole le laissa dans l'indécision.

Cette réponse donna lieu, de la part du comte Grabianka, à une nouvelle question pour savoir lequel des deux, de Pernety ou de lui, devait accomplir le premier l'opération sacrée qu'ils se proposaient de faire sur la montagne pour interpeller leur ange. La réponse fut :

— «Parce que ton cœur est pur, tu marcheras le premier.»

Pernety, à qui la Sainte-Parole avait dit qu'il était destiné à l'accomplissement d'une grande œuvre, s'impatientait de rester sans instructions à ce sujet et, le 2 avril, il demanda de nouveau le moyen le plus prompt pour accomplir les travaux auxquels il était destiné.

— «Fils d'Adam, lui fut-il répondu, te défies-tu déjà des promesses de ton Dieu? Songe qu'en te glorifiant il veut être glorifié lui-même. L'enfant de Sabaoth n'est plus l'enfant des hommes. Songe que l'Éternel, en reposant son bras sur ta tête, a déjà reculé ta vieillesse, et qu'en réglant ta destinée, il a mesuré le terme de ta vie sur ta confiance, sur ton amour et sur l'usage de ses bienfaits. Le jour se lève et tu t'arrêtes, et la nuit reste dans ton cœur! Quand Dieu commande, qui consulte n'obéit pas! Que me demandes-tu qui ne te soit facile? Et avant de m'interroger qu'as-tu fait? Quitte, pour ce que tu cherches, la route qui te déçoit. Je t'ai nommé ton guide parce que Dieu l'a permis. Puisque ton Dieu t'a choisi, travaille, travaille et travaille avec lui. Il t'a donné son ange pour te conduire. Quand l'ange de Sabaoth marche devant toi, malheur à toi si tu lui résistes, malheur à toi si tu restes en arrière.»

Selon les indications de Brumore, Grabianka, après avoir tracé le cercle de puissance au sommet de la montagne, s'était consacré lui-même, et comme, après avoir terminé sa neuvaine de consécration, son ange ne lui était point apparu, ainsi qu'il l'avait demandé, il s'écria plein de tristesse: «Sainte-Parole, je vous demande si je suis coupable de ce que l'opération a manqué. Daignez me dire en quoi, dans l'intention où je suis de demander pardon à mon Dieu et de ne rien faire contre sa sainte volonté.»

La réponse fut toute rassurante, et il reçut, de plus, l'ordre de consacrer Pernety, Brumore et Mlle Bruchier, car son règne commencerait par eux et le ciel les lui soumettait pour être «les premiers degrés de sa puissance, de son élévation et de sa gloire».

Ainsi, Grabianka devait être le Roi du nouveau peuple dont Pernety serait le Pontife.

Peu après, il reçut l'ordre de consacrer Morinval, la comtesse Grabianka, la comtesse Stadniska, sa belle-mère, sa fille Annette Grabianka, le comte Jean Tarnowski et la comtesse, née Thècle Grabianka, Borelli et son épouse, le comédien Bauld de Sens.

Grabianka se prépara donc à partir pour la Pologne, où résidait sa famille, dans le but de la consacrer selon l'ordre reçu et lui faire connaître les secrets qui lui avaient été révélés.

Le départ eut lieu le 9 mai 1779, sans que Grabianka ait eu le temps d'élucider un point très important. La Sainte-Parole lui avait recommandé de toujours l'interroger à temps, sans toutefois lui indiquer à quoi il reconnaîtrait qu'il était temps. Ce fut Mlle Bruchier qui demanda pour Grabianka à quels signes il saurait qu'il doit interroger:

—«Pour qu'il m'appelle à temps, ô ma fille, écoute et redis-lui que chaque fois que le sommeil de ses nuits sera troublé par les images funèbres de cadavres ensanglantés, de trônes renversés, de villes en cendres, de meurtres, de carnages, de ruines, de tombeaux, redis-lui que c'est alors qu'il sera temps pour lui d'interroger et de s'instruire pour assurer ses pas dans la route que l'Éternel a frayée devant lui ; qu'il obéisse, qu'il espère et qu'il prie ; son Dieu l'éprouve, son Dieu l'aime, son Dieu est grand, son Dieu est Dieu ! »

Pendant ce temps, à Berlin, Pernety continuait ses travaux, toujours sous la direction de la Sainte-Parole, qui l'encourageait en ces termes :

— « Prie, ô mon fils ; suis ton guide, Assadaï marche avec toi ; le temps approche où tes yeux s'ouvriront et où je t'apprendrai ce qui te reste à faire pour voir enfin l'archange du Grand Degré dans son éclat, dans sa splendeur et dans sa gloire. Marche dans la droiture, marche dans la simplicité ; tu avanceras dans la science et tu marcheras dans la sagesse. Retiens bien que la parole n'est qu'une pour celui qui veut comprendre, et qu'il ne serait plus de mystères pour l'homme sans la vanité de son cœur et la folie de son esprit. Élu du ciel sur la terre, fils de Dieu, enfant de Sabaoth, tu parviendras par le secours de l'ange et de l'archange, en suivant fidèlement ton guide, en veillant, en travaillant, en priant, en implorant avec Assadaï, à manifester les grandeurs d'un Dieu terrible et d'un Dieu fort qui te consacre et te choisit, et la puissance, la magnificence et la gloire de celui qui dispose des empires de tous les mondes, et qui peut créer, écraser, détruire, anéantir et reproduire comme il lui plaît ! La promesse était formelle. Pernety était destiné à une œuvre grandiose ; mais pour atteindre ce but, les conditions étaient sévères.

Malgré toute sa bonne volonté, tout son ardent désir, Pernety démérita ! De quelle nature fut sa faute ? Nous l'ignorons. Mais son guide, l'ange Assadaï, se retira d'auprès de lui, et tout le bénéfice de sa consécration fut perdu. La Sainte-Parole le lui signifia en ces termes :

— « Dieu t'appelait, Dieu te fixait, et ton œil s'est fermé, et tu sommeilles encore et tu ne crains pas que la mort ne t'atteigne sur le chemin de la vie ! O mon fils, la faute en est à toi ; pleure, gémis, répare-la, parce qu'Assadaï ne reverra le trône de son Dieu qu'après l'accomplissement de ton œuvre. »

Il semble, d'ailleurs, que Pernety ne se soit pas bien rendu compte lui-même de la nature exacte de sa faute ; car, plein de repentance, il questionne :

« Je rends grâce à mon Dieu de ce qu'il a daigné réveiller mon cœur de son assoupissement. J'implore sa miséricorde et je le prie de me remettre pour toujours dans la voie de la sagesse, afin que ma main soit toujours employée à manifester sa puissance et sa bonté, mais si je ne comprends pas l'objet de vos reproches, Sainte-Parole, je vous prie de m'ouvrir les yeux, en me le déclarant nettement, ainsi que les moyens de réparer ma faute. »

La Sainte-Parole lui répond :

— « Tu pleures, tu gémis, tu t'affliges et tu ne répares rien. Le repentir du sage est dans ses œuvres ; celui de l'insensé dans ses larmes. Rentre en toi-même, fouille dans ton cœur, cherche ta faute. Dieu te condamne à la trouver et tu redeviendras le disciple de la sagesse et l'enfant de la première bénédiction. Ton encens s'est éteint ; avant tout, rallume-le, et l'archange t'assistera, et pour la seconde fois tu auras purifié ton cœur, tu seras redevenu agréable à ton Dieu ; l'esprit te sera rendu ; Assadaï sera consolé et il se replacera une seconde fois entre la mort et toi, parce que l'Éternel a consacré tes jours et qu'il daigne laisser encore entre tes mains l'empire ou de la mort ou de la vie. »

Enfin, Pernety trouve sa faute. Devant renouveler sa consécration, il demande s'il doit recommencer exactement tout ce qu'il a fait la première fois. Voici la réponse :

— « O mon fils, quand ton Dieu te pardonne, crains-tu de faire trop ? Et quel doute encore, quel doute maudit est entré dans ton cœur ? Ne t'ai-je pas dit : Rallume ton encens, recommence tes œuvres ? Que le soleil t'y trouve et ce jour, ô mon fils, réjouira ton ange et sera grand pour toi ! »

Le 9 octobre, Pernety gravit la montagne pour le renouvellement de sa consécration. Lorsque, le neuvième jour, il brûla son encens sur l'autel de puissance, il eut l'apparition de deux anges, sous forme humaine, qui discoururent avec lui. Il ne se rendit pas compte tout de suite de leur état ; ce ne fut que quelques jours plus tard, à certains indices auxquels il n'avait pas prêté attention tout d'abord, qu'un doute lui vint à l'esprit que les hommes à qui il avait parlé sur la montagne n'étaient pas des hommes ordinaires.

Ayant interrogé la Sainte-Parole à ce sujet, la réponse fut celle-ci :

— « Plus de confiance, encore plus de confiance et moins de crainte, enfant de Sabaoth. Si le ciel, pour t'éprouver encore, voulut tromper tes yeux, ton esprit, ô mon fils, ne devrait plus tromper ton cœur. Assadaï fut près de toi. La première fois tu pouvais demander ; la seconde fois tu pouvais commander et tu aurais vu, dans ce moment, l'ange dans l'homme, si tu avais pu dépouiller l'homme en toi. Console-toi, enfant de vérité et de lumière, accoutume tes yeux aux miracles de ton Dieu ! »

Voici donc Pernety rentré en grâce auprès de son Dieu. Il en profite pour demander à la Sainte-Parole s'il peut solliciter un « Jéhovah » pour faire participer aux bénédictions de son père Sabaoth, son frère cadet, qu'il avait fait venir à Berlin et qui était très pieux.

— « Dispense, sème et répands les bénédictions de ton Dieu, avant d'étonner les enfants de la terre par ses prodiges. Le sceau de l'Éternel, ô mon fils, est pour tous les hommes, mais songe que celui qui le reçoit porte avec lui sa réprobation ou sa gloire. »

Mettant à exécution ce conseil, Pernety parla de l'œuvre à son frère. Il reçut en outre l'autorisation de consacrer M. Serrières, ainsi que le comte Ronnikier, ami de Grabianka:

— « Ouvre les portes de la vie à tous ceux qui le demandent, lui fut-il dit, parce que je t'ai fait du nombre de mes sacrificateurs; je me réjouirai de tous ceux que tu feras monter à mon autel. »

De son côté, Brumore ne restait pas inactif. Il venait d'être nommé contrôleur des accises et péages de la régie des finances du roi à Reinsberg, où il habitait, ainsi que Mlle Bruchier. Très en faveur au château de Reinsberg, résidence du prince et de la princesse Henri de Prusse, il prit vite un énorme ascendant sur le prince, dont il devint le confident, et lui fit bientôt partager les croyances des fidèles de la Sainte-Parole.

# CHAPITRE IV :
## DES ILLUMINÉS DE BERLIN
## AUX ILLUMINÉS D'AVIGNON

Dès son arrivée en Pologne, Grabianka avait consacré sa famille, comme il en avait reçu l'ordre. Lorsqu'il consacra sa fille Annette, le 6 août 1779, il la voua à Dieu et fit cette demande pour être portée sur le «Jéhovah» de l'enfant : «Que ma fille conserve l'innocence de son cœur pendant toute sa vie, afin de conserver les bénédictions de Dieu et de lui être toujours agréable.»

La réponse fut donnée directement à l'enfant :

—«En Jéhovah, pour Jéhovah, par Jéhovah, quitte ton père, quitte ta mère et ton pays ; qui te voua doit consommer le sacrifice. Dans sept années tu seras douée de ma science, et par toi tout s'accomplira.»

Ainsi, de même que jadis à Abraham, le futur père de son peuple, Dieu avait demandé son fils en holocauste, Dieu demandait aujourd'hui à Grabianka, père du nouveau peuple — sacrifice moins cruel, il est vrai — de se séparer de sa fille, car «sur la tête de l'holocauste sont inscrites les promesses, et l'enfant doit devenir la mère du nouveau peuple, la fille de sa force et l'agent de sa gloire.»

Brumore ayant également demandé si Annette Grabianka serait douée de la science divine des nombres, la Sainte-Parole répondit :

—«Ton Dieu dit, ô mon fils : qu'elle soit ta fille ; que sa langue se délie, et quand le temps sera venu où tu la rendras à son père, c'est alors que Dieu sera grand, que les nations renverseront leurs idoles, qu'Israël renaîtra.»

Grabianka devait donc se séparer de sa fille pour la remettre entre les mains de Brumore, qui en serait désormais le père adoptif. Bien qu'ayant parfaitement compris l'ordre donné, il était atterré à l'idée de se séparer de cette enfant de six ans qu'il adorait et, en dépit de sa foi robuste, il s'insurgea d'abord devant cette injonction qu'il trouvait barbare.

Mlle Bruchier reçut alors l'ordre de lui dire :

—«Qui es-tu, qui es-tu donc pour opposer les cris timides de ton sang aux ordres de ton père et à la volonté de ton Dieu ? Pour que l'arbre croisse, il faut que les rameaux se dispersent.»

A son tour, Pernety, étonné de cet ordre qu'il trouvait étrange, demanda à la Sainte-Parole ce qu'elle avait voulu dire par ces mots adressés à Brumore, en parlant d'Annette Grabianka : « Qu'elle soit ta fille ? »

La réponse fut : « Où est ta sagesse, enfant de Sabaoth ? Tu as compris ; on a compris et l'insensé [40] est fâché de comprendre. J'ai demandé, dit l'Éternel ; j'ai commandé a dit son Verbe ; je frapperai a dit ton Dieu. Répète-lui, fils de sa volonté, qu'en lui donnant une part de sa gloire, son Dieu exige en compensation une part de son sang ; parle, enseigne-lui l'obéissance. »

Après beaucoup d'hésitation, Grabianka s'inclina enfin et accepta d'emmener sa fille à Berlin pour la confier à Brumore. La Sainte-Parole dit à Mlle Bruchier qu'elle devait, conjointement avec Brumore, regarder Annette Grabianka comme sa fille. Et comme Mlle Bruchier demandait si elle devait non seulement la regarder comme sa fille, mais encore la faire passer pour telle, il lui fut répondu :

— « O ma fille, ton Dieu commande ! Résigne-toi, abaisse-toi, deviens soumise pour qu'il dispose ton cœur, tes entrailles et ton sein. Deviens mère sans la voir, et que son cœur meure à son père, meure à sa mère, pour renaître dans toi, parce que sa renaissance commencera la gloire d'un nouveau peuple, et que c'est par elle que s'accomplira un jour la volonté de ton Dieu. Dieu te fait mère. Chéris le dépôt qu'il te fait ; caresse l'enfant qu'il te donne. Quand le ciel parle, qui ment aux hommes ne ment pas toujours à son Dieu ! »

Dès son arrivée à Berlin, le 9 mars 1780, Grabianka reçut ordre de remettre sa fille entre les mains de Brumore et de Mlle Bruchier, sur la montagne même où il les avait consacrés. C'était là que ses nouveaux parents devaient voir Annette pour la première fois. C'est là que devait s'accomplir le sacrifice demandé. La remise d'Annette eut lieu le lendemain vendredi 10 mars 1780. Ainsi, le sacrifice était consommé.

Comme Grabianka demandait à la Sainte-Parole si elle était satisfaite, il lui fut répondu :

— « Réjouis-toi, ô mon fils, parce que tu recevras plus que tu n'as donné… tu es rentré dans la lumière, gardes en maintenant le flambeau dans ton cœur… J'ai demandé ton sang, tu l'as donné, je le reçois, il ne t'appartient plus. Mais, dans mon temps, ô mon fils, j'appuierai la vérité de mes promesses sur ton sacrifice et ton obéissance. Lorsque je te rendrai à mon tour celle qui fut ta fille, je la douerai de ma parole, je l'armerai de l'épée de ma grâce, je la ceindrai du glaive de ma justice ; tu régneras par elle ; je t'établirai sur mon nouveau peuple et, dans celui qui redeviendra son père, elle retrouvera son roi. »

---

[40] Grabianka, indique Pernety, en marge du manuscrit.

Le lendemain, Grabianka reçut l'ordre de retourner chez lui, jusqu'à ce que la même voix le rappelle.

Quant à Mme Grabianka, la mère d'Annette, elle ne pouvait se consoler de la séparation. La Sainte-Parole lui dit :

— «Étouffe le serpent qui dévore ton cœur, crois ou meurs. J'ai fait alliance avec ton sang ; ne murmure plus du sacrifice et tu seras bénie. »

Mais elle restait inconsolable, et, quatre mois plus tard, Pernety crut devoir interroger la Sainte-Parole à ce sujet. La réponse fut celle-ci :

— «Crie et dis-lui femme insensée, c'est sur la tête de l'holocauste que sont écrites les promesses. Oublie, ma fille, oublie ton sang pour achever le sacrifice. Encore une fois oublie ton sang pour qu'il porte la vie à sa source. Crois, ô ma fille ; elle a son ange, Dieu est son père ; il t'est défendu d'y songer. »

Brumore et Mlle Bruchier gardèrent Annette Grabianka jusqu'au 10 mars 1783, date à laquelle ils reçurent l'ordre de rendre l'enfant à ses parents véritables.

Vers cette époque, la renommée du voyant suédois Swedenborg était très discutée en Allemagne. S'il avait des critiques acerbes et ironiques, il avait aussi des admirateurs et des disciples fidèles, surtout dans les hautes classes de la société.

Tout à la fin de sa vie, il avait correspondu activement avec le landgrave de Hesse-Damstadt. Un des théologiens les plus célèbres de l'Allemagne, qui avait été porté par le duc de Wurtemberg à la plus haute dignité de l'Église, à celle de prélat de Murrhard, le docteur Œtinger, que l'on avait surnommé le *Mage du Sud*, avait été l'un des premiers, en Allemagne, à être intéressé par les écrits de Swedenborg et s'était efforcé de les répandre. Puis il avait entrepris la traduction en allemand de quelques-uns de ses ouvrages, et notamment *du Ciel et de l'Enfer, Des Terres dans l'univers*[41] *et quelques extraits des Arcanes célestes*. Toutefois, le docte prélat de Murrhard, s'il reconnaissait à Swedenborg une grande mission, ne pouvait accepter ni sa science des correspondances[42], ni l'interprétation spirituelle de la Bible. Sur ces points, il jugeait même plutôt durement Swedenborg, lui faisant grief de vouloir expliquer les textes sacrés au lieu de se contenter de faire connaître les «choses extraordinaires qu'il avait vues et entendues ».

Néanmoins, ces traductions allemandes ne furent pas faites en vain. Bientôt,

---

[41]  Des traductions de *Le Ciel, ses merveilles et l'Enfer*, et *Des Terres dans notre monde solaire, etc.* ont été réédités aux éditions arbredor.com. NDE.
[42]  *Traité des représentations et des correspondances* (Extrait des *Arcanes célestes*) Traduit par J.-F.-E. Le Boys des Guays, arbredor.com. NDE.

Ernesti, Herder, le docteur Jung-Stilling, le célèbre philosophe Kant et l'Académie de Berlin discutèrent de Swedenborg et de ses visions.

Pernety ne put manquer de s'inquiéter d'un personnage dont on racontait tant de merveilles. Il lut les ouvrages traduits en allemand, questionna, s'enquit de tout ce qui concernait Swedenborg et entreprit aussitôt la traduction en français d'un des plus étranges ouvrages du voyant suédois les *Merveilles du Ciel et de l'Enfer*[43].

Cette traduction achevée, Pernety posa cette question à la Sainte-Parole:

— «N'ayant entrepris la traduction du Ciel et de l'Enfer que pour la gloire de Dieu et l'instruction de mon prochain, je vous prie, Sainte-Parole, de me dire si mon Dieu approuve que je le fasse imprimer actuellement?»

La réponse fut celle-ci:

— «Où est ta sagesse, enfant de Sabaoth? Je te l'ai dit: Il fut doué de ma science, ma voix descendit dans son cœur; la même voix crie dans le tien. Et quand la vérité t'éclaire, tu crains de montrer son flambeau?»

Pernety fit donc imprimer sa traduction. Elle parut chez Decker, à Berlin, en 1782[44], précédée d'un *Éloge de feu M. Emmanuel Swedenborg*[45], d'*Observations ou Notes sur Swedenborg*, ainsi que d'une Lettre traduite de l'allemand de M. Christophe Springer, datée de Londres, 18 janvier 1782, contenant d'intéressants renseignements biographiques sur Swedenborg, en réponse à une lettre de Pernety du 6 décembre 1781.

Les biographes de Pernety disent que, peu après la publication de la traduction française du traité des *Merveilles du Ciel et de l'Enfer*, le roi de Prusse, ayant appris que Pernety avait embrassé les idées de Swedenborg, se brouilla avec lui et lui fit savoir qu'il lui retirait sa protection. La chose n'est pas tout à fait exacte.

Bien que sa bonté se soit un peu refroidie, elle ne lui fit cependant jamais défaut. Ainsi qu'on le verra plus loin, Pernety ne quitta la Prusse que sur un ordre occulte.

Pernety, craignant toujours de ne pas bien comprendre les enseignements de la Sainte-Parole, suppliait celle-ci d'éclairer son intelligence pour qu'il puisse comprendre ses oracles. Il en recevait des réponses réconfortantes:

---

[43] *Le ciel, ses merveilles et l'enfer d'après ce qui a été vu et entendu*, par Emanuel Swedenborg. Traduction de Le Boys des Guays, arbredor.com. NDE.

[44] *Les Merveilles du ciel et de l'enfer et des terres planétaires et astrales*, par Emmanuel de Swedenborg, d'après le témoignage de ses yeux et de ses oreilles; traduit du latin par A. J. P. 2 vol. A Berlin. chez G. J. Decker, imprimeur du roi, 1782.

[45] Lu à l'Académie des sciences et belles-lettres de Stockholm, le 7 octobre 1172, par M. de Sandel, conseiller des mines et membre de ladite Académie.

—«Ne crains rien, tu fus marqué, tu fus choisi par l'Éternel pour enseigner la sagesse au nouveau peuple. Il t'a nomme son sacrificateur. C'est de tes mains que, dans son temps, il veut recevoir l'encens des élus. Qui te croira voudra te suivre ; qui te suivra marchera droit à son autel et trouvera le chemin de la vie. Achève, fils de ton Dieu, en te purifiant dans le désir de ton amour, d'éteindre dans ton sein le souffle de l'enfer et du monde. La promesse s'accomplira et la sagesse de l'esprit demeurera dans toi. Je t'établirai le nouveau prêtre de ton Dieu. Prépare-toi, car c'est dans peu que je t'oindrai du nouveau chrême. »

Pernety interroge encore pour savoir ce qu'il doit faire afin de remplir complètement la volonté de son Dieu :

—«Achève, enfant de Sabaoth, de purifier ton cœur et nettoie ton esprit des raclures de l'iniquité, parce que voici le temps des mystères ; prépare-toi, brise les chaînes de ton cœur ; jette en arrière ce qui t'arrête ; que le souci du monde ne soit plus ton fardeau, car le jour vient où l'Éternel va changer ta demeure, où tu entreras dans les terres de son nouveau règne, où tu iras jusqu'au lieu qu'il a choisi pour y poser les fondements de la cité de son nouveau peuple. »

Pernety répond qu'il est disposé à tout sacrifier pour se rendre agréable à Dieu ; aussi demande-t-il à la Sainte-Parole de lui déclarer bien clairement «quelles sont ces chaînes qu'il doit briser et jeter en arrière pour être prêt ? »

—«Écoute, entends, fils de l'Éternel ; Dieu a dit : Il gémira devant ma face et je rirai de sa calamité s'il reste encore dévoyé après les choses du néant !… Fils de la vie, c'est sa parole comprends-la ! Meurs au penchant, meurs au désir, pour être enfant de sa promesse ; laisse écouler la corruption dans le sépulcre du vieil homme. Je te l'ai dit ; je te le redis : prépare-toi, blanchis la terre de ton cœur, cherche dans toi ton ennemi ; il y est né, il y vieillit ; cherche et trouve. C'est ta victoire, et la victoire est ton prodige. Prépare-toi ; voici le temps du nouveau ciel et de la nouvelle terre, ô fils aîné du nouveau peuple ! Pour qu'il remette dans tes mains le nouveau plan de sa cité, entends, comprends, j'aurai tout dit : *Au-dessus du niveau du monde est le compas de sa sagesse !*»

Alors, s'interrogeant, se scrutant, cherchant dans son cœur ce penchant «qui y vieillit», Pernety croit enfin l'avoir trouvé dans l'amour-propre ; et de nouveau il questionne la Sainte-Parole pour savoir si c'est bien ce penchant qu'il doit détruire en lui pour devenir l'enfant des promesses de l'Éternel.

—«Enfant de Sabaoth ! je te l'ai dit : cherche dans toi ; trouve en toi ; l'homme est encore traître à ton âme ! Fils d'adoption, fils des mystères, écoute et crois : Celui qui donne veut avoir ; Celui qui promet te demande. Je parle à l'esprit qui est en toi ; ne rejette pas son conseil et la lumière sera dans toi, et les prodiges te suivront et le temps sera commencé. Écoute encore ; prosterne-toi ; bénis ton Dieu ; il te demande obéissance et sacrifice. »

Cette réponse ne satisfait pas encore Pernety ! Il n'est pas sûr d'avoir bien compris. Quelques jours plus tard, il interroge à nouveau la Sainte-Parole et l'adjure de déclarer nettement quel est le sacrifice qui est exigé de lui pour se rendre agréable à son Dieu :

— « Fils des mystères, *qui donne tout veut tout avoir*, et l'homme en toi n'a pas compris. Entends ton Dieu, prosterne-toi, courbe la tête sur la racine de ton cœur, car le temps vient où l'Éternel veut mettre à part tous les enfants de sa justice. Oint de ton Dieu, deviens son prêtre ! J'ai tracé le chemin qui devait te conduire ; le lait de la sagesse est devenu ta nourriture ; ta main caresse encore l'idole de la terre et la fange du monde est encore ta folie. Fils des prodiges, je te le redis pour trouver, cherche et n'attends pas, car on t'attend. Cherche et n'interroge pas : ton holocauste est dans ton cœur. Trouve, ô mon fils ; Assadaï a dans ses mains ta récompense. »

Pernety ne se laisse pas déconcerter par l'impénétrabilité voulue de ces réponses. Il continue d'interroger et peu à peu l'oracle se précise :

— « Avant que l'an soit écoulé, ma volonté est qu'il (Pernety) s'éloigne du lieu où je l'ai trouvé. Il partira, il cherchera, il trouvera... S'il contredit à mon précepte, il se contredit à lui-même ; je flétrirai sa vieillesse. Je parlais ; il n'a pas compris ; l'ange appelait ; quand il n'entendait pas, il lui criait ; il ne lui répondait pas. Mon ange a fait son ministère. *Je marque sa place au midi* ; son guide sera sur sa route ; l'œuvre marchera devant lui... »

Pour comprendre cette dernière phrase, il faut savoir que l'œuvre n'est autre que la pierre philosophale dont Pernety et ses amis poursuivaient la recherche. Brumore avait été désigné pour travailler la matière première reçue d'Élie Artiste. C'est cette œuvre que la Sainte-Parole promet à Pernety comme récompense, lorsqu'elle lui dit :

— « Réveille-toi, toi qui dors ; réveille-toi d'entre les morts ! J'ai dit et je redis : Avant que l'an soit écoulé, tu te lèveras, tu prendras le chemin qui te sera marqué, tu marcheras au lieu qui te sera nommé. Là sera mon voyant ; là sera mon ange, et là sera le temps où le Verbe de l'Éternel, en te donnant de l'intelligence, soufflera la sagesse en ton cœur. Écoute-moi, fils des Mystères, la parole que je te donne doit rester cachée dans ton sein jusqu'au temps où Assadaï remettra l'œuvre dans tes mains pour te servir de récompense. »

Enfin, le temps arriva où la Sainte-Parole enjoignit à Pernety de se tenir prêt à partir pour aller fonder la cité nouvelle.

Cette cité devait s'élever au midi, sur les rives d'un grand fleuve, à quarante jours de marche de Berlin. L'ange Assadaï le guiderait d'ailleurs vers le lieu de la future Sion.

Ayant demandé quelques précisions sur la route à prendre et le jour du départ, Pernety reçut la réponse suivante : « Goritz, Prague, le 10 novembre. »

Mais, pour partir, il fallait obtenir l'agrément du souverain ; et certainement celui-ci lui demanderait où il allait et pour combien de temps il serait absent. La Sainte-Parole lui ayant ordonné de garder, sur tout cela, le silence le plus absolu, Pernety était fort embarrassé. Il consulta donc sur ce qu'il convenait de dire et la réponse fut de nommer l'endroit qui lui était donné comme route à prendre, comme étant le terme de son voyage, et son nombre occulte pour la durée de son absence ; « et mens à l'homme pour le mystère », lui conseilla la Sainte-Parole.

Pernety sollicita donc et obtint du roi un congé de 135 jours (135 était son nombre occulte) pour aller à Goritz.

Il partit de Berlin le 10 novembre 1788, sans but de voyage bien défini. Après s'être arrêté dans diverses villes, ne sachant toujours pas le terme de son voyage, il arriva à Paris, où Mgr de Beaumont, ayant appris son retour, voulut le contraindre à réintégrer son couvent. Après de nombreuses démarches et un arrêt du Parlement de Paris, Pernety obtint de rester dans le monde. Il résolut alors d'aller à Valence en Dauphiné, auprès d'un de ses frères qui était receveur des domaines.

De son côté, Brumore ne restait pas inactif. Il se trouvait avec Mlle Bruchier, en Pologne, chez le comte Grabianka, où, avec le comte Ronikier, il poursuivait ses travaux alchimiques.

Mais une malchance se produisit, qui allait avoir des conséquences inattendues.

Le 28 décembre 1788, Brumore, qui n'avait pas saisi le sens de plusieurs réponses de la Sainte-Parole sur la conduite de l'œuvre, ayant voulu prendre de sa poudre pour mener à la transmutation un flacon de matière première, manqua toutes les opérations, « parce que le ciel ne l'assistait pas », dit le manuscrit de Pernety.

Devant cet insuccès, Grabianka et Ronikier, découragés et n'ayant plus confiance en Brumore, résolurent de se séparer de lui. Brumore, de son côté, désespéré, fit une demande à la Sainte-Parole, qui lui répondit :

— « Reste à ta chaîne et sois soumis. J'ai fermé la porte sur toi ; ton œuvre a passé de tes mains ; l'œuvre d'autrui sera le tien… »

Brumore et Mlle Bruchier résolurent de quitter la Pologne, en avril 1784, pour aller à Hambourg, où Brumore vit Élie Artiste, auquel il conta sa mésaventure. Il reçut d'Élie Artiste non seulement deux flacons de matière philosophique

toute préparée pour recevoir le second mercure, mais encore tous les renseignements nécessaires pour la conduite de l'œuvre.

Ayant accompagné Mlle Bruchier jusqu'à Strasbourg, où elle se rendait dans
sa famille, Brumore se retira à Bâle.

Le 3 octobre 1784, il interrogea la Sainte-Parole pour savoir dans quel endroit
il devait aller :

— « A Avignon », lui fut-il répondu.

Brumore quitta donc la Suisse pour se rendre à Avignon, où il arriva les derniers jours d'octobre.

Ayant questionné la Sainte-Parole pour savoir ce qu'il devait faire de l'œuvre
qu'il avait reçue d'Élie Artiste, et qui attendait le « dernier travail », la réponse fut
la suivante :

— « Reviens à moi, fils de pardon ; deviens enfant de repentance ; me voici
pour te consoler. Le temps des temps est à son temps. J'appelle à l'œuvre un
ouvrier. Quand il s'approchera de toi, alors sera l'an du prodige ; le jour naîtra
pour la récolte, l'heure viendra pour le partage et le moment pour mes bienfaits. »

L'ouvrier prédit par la Sainte-Parole était un médecin du nom de La Richardière.

D'où était-il originaire ? Je ne sais. Toujours est-il que son nom figure comme
fondateur, avec le docteur Bouge et l'abbé d'Alès, de la loge *Saint-Jean d'Écosse
de la Vertu persécutée*, d'Avignon.

La Richardière était membre de la plupart des organisations maçonniques de
l'époque et il s'adonnait aux recherches hermétiques. Après avoir quitté Avignon
pendant quelques années, il y était revenu au mois de juin 1784.

Ayant appris que Pernety — qu'il connaissait de réputation — se trouvait
à Valence, il se rendit dans cette ville au mois d'octobre, pour faire plus ample connaissance avec lui. Il y resta deux mois, pendant lesquels Pernety lui fit
connaître les travaux du groupe de Berlin et les révélations de la Sainte-Parole.

Sur ces entrefaites, Brumore étant arrivé à Avignon, Pernety remit à La Richardière — qui devait s'en retourner à Avignon au mois de janvier suivant —
une lettre destinée à être remise à Brumore.

La remise de cette lettre fut, pour tous deux, l'occasion de nouer des relations suivies. Brumore fit la connaissance du docteur Bouge et ainsi se forma, à
Avignon, un petit groupe qui devait bientôt s'accroître dans de notables propor-
tions.

Peu après, La Richardière et Bouge demandèrent à être consacrés. Ce fut, pour Brumore, qui songeait à l'ouvrier qui lui avait été annoncé pour parfaire l'œuvre dont il était chargé, l'occasion de faire, le 10 février 1785, la demande suivante :

— « Sainte-Parole, celui qu'il a plu à Sabaoth de nommer son sacrificateur [46] se proposant de venir consacrer un autel de ses mystères pour La Richardière et Bouge, qui tous les deux lui en ont témoigné le désir, pour leur bonheur et pour su gloire, je vous demande, par les nombres du frère Pernety, si La Richardière est l'ouvrier dont vous avez dit qu'il s'approcherait de moi pour achever l'œuvre qui est entre mes mains ?

La réponse fut donnée directement à Pernety

— « Écoute, entends, fils de Lumière lave-le de l'eau de l'innocence, brûle son cœur avec l'encens ; c'est l'ouvrier que j'ai choisi. »

La consécration de La Richardière, commencée le 12 mars 1785, fut terminée le 20, et celle du docteur Bouge eut lieu du 15 au 23 mars.

Ajadoth fut l'ange désigné pour assister La Richardière. La consécration terminée, La Richardière fit cette demande :

— « Après avoir formé une alliance plus particulière avec mon Dieu, par ma consécration que vient de terminer son sacrificateur, je vous supplie, Sainte-Parole, de me faire connaître par mes nombres si la miséricorde de mon Dieu me trouve tel que je dois être pour commencer actuellement, pour sa gloire et le bonheur de mes frères, moyennant l'assistance de mon ange, l'œuvre des promesses de mon Dieu, que Brumore m'a fait remettre par les mains du frère Pernety, en finissant de me consacrer ? »

La réponse fut celle-ci :

— « La Lumière s'est fait connaître. Écoute et sois béni, enfant du nouveau temps ; prosterne-toi, loue l'Éternel, car voici comme il a parlé : Je l'ai cherché, je l'ai trouvé ; je l'appelais, il est venu ; je suis allé à sa rencontre ; et parce que son encens est monté jusqu'à moi, je l'ai blanchi de sa souillure. La semence de l'œuvre germera par ses mains, et voici que la vie s'assoira dans son cœur. Entends, mon fils, suis ton chemin, tu es l'ouvrier du témoignage et tu ne dois plus t'arrêter. Veille au dépôt, veille à l'ouvrage travaille en serviteur fidèle, Ajadoth avec toi doit travailler en maître. »

Pernety fait suivre cette réponse, sur son cahier, de l'annotation suivante :

(Note. — Le samedi 26 mars, veille de Pâques, La Richardière, une heure de l'après-midi, mit sur le feu l'œuvre d'Élie Artiste apporté par Brumore. Il avait

---

[46] Pernety.

été préparé au mois de juin 1780 par Élie, et il pesait dix gros et demi poids de marc. La Richardière y mit le second mercure, d'après les instructions qu'il avait reçues de Brumore ; le second mercure pesait cinq gros et demi, ce qui a fait un total de seize gros ou deux onces poids de marc, qui est resté sur le feu jusqu'au 18 juillet 1788 à midi, que La Richardière a eu l'ordre de cesser le feu, d'ajouter à son œuvre celui que le frère Grabianka avait apporté des restes de Ronikier et Brumore, et ce même dimanche 18 juillet le tout a été enterré dans le lieu ordonné. Il est à remarquer que l'œuvre a été sur le feu 1,200 jours.)

Le manuscrit de Pernety s'arrête à cette année 1785. Nous aurons désormais recours à d'autres documents manuscrits pour poursuivre l'histoire de nos Illuminés.

Le petit groupe avignonnais allait bientôt perdre un de ses membres. Le 30 mai 1785, sept mois après son arrivée à Avignon, Brumore partit pour se rendre à Rome. Il avait publié l'année précédente, pendant son séjour à Bâle, une traduction libre du Traité des charmes de l'amour conjugal[47] de Swedenborg. Il écrivit de Rome, le 20 octobre 1785, au *Journal encyclopédique* de Paris, une lettre au marquis de Thomé, qui avait pris dans ce journal la défense de Swedenborg, attaqué à propos du magnétisme. Cette lettre, signée : l'abbé de Brumore, et qui parut dans le *Journal encyclopédique* de décembre 1785[48], est la dernière trace d'activité que nous trouvions de Brumore. Il mourut à Rome, le 28 février 1786, des suites d'une fluxion de poitrine.

Si le groupe d'Avignon avait perdu un de ses fidèles, il allait bientôt en retrouver un, et non des moindres, en la personne de Grabianka, qui avait reçu, en Pologne, l'ordre de quitter ses terres et de venir résider à Avignon.

Son arrivée était annoncée. Il arriva vers la fin de l'année 1785. Bientôt, d'autres affiliés, que nous avons connus à Berlin, les frères Bousie, Morinval, allaient se retrouver à Avignon.

Pernety, bien que faisant de fréquents voyages à Avignon, résidait toujours à Valence chez son frère. Il menait une vie très active, prenant part à toutes les manifestations intellectuelles de la cité. C'est ainsi qu'en 1786 il était secrétaire perpétuel de la Société patriotique de Valence, et, le 26 août 1786, il avait fait instituer par la Société un concours doté d'un prix de 300 livres destiné à l'auteur du mémoire qui aurait le mieux traité les sujets suivants :

1° L'électricité artificielle, depuis sa découverte jusqu'à présent, a-t-elle contribué réellement aux progrès de la physique ?

2° Considérée comme remède, a-t-elle été dans son administration plus avantageuse que nuisible au genre humain ? Dans le premier cas, on demande quels

---

[47] *Traité curieux des charmes de l'amour conjugal*, extrait du latin, de Swedenborg, Berlin et Bâle, chez Decker, 1784.

[48] *Lettre à M. le marquis de Thomé concernant les Remarques sur une assertion des commissaires nommés par le roi pour l'examen du magnétisme animal*, insérées dans le *Journal encyclopédique* du 1er septembre 1785.

sont les avantages qui en sont résultés pour la science physique? Dans le second, dans quelles maladies elle a paru réussir le mieux? Quelle est la meilleure manière de l'administrer? Peut-elle être aidée du secours d'autres remèdes; et si elle le peut quels sont ces remèdes?

A cet effet, il fit paraître une note dans le *Journal des Sçavants* d'octobre 1786, annonçant le concours. Les mémoires pouvaient être en français ou en latin et devaient être adressés à «dom Pernety, abbé de Burgel, membre de l'Académie royale des sciences et belles-lettres de Berlin, de celle de Florence, etc., ancien bibliothécaire de S. M. le roi de Prusse et secrétaire de la Société patriotique, à Valence en Dauphiné».

La bibliothèque de la ville de Lyon possède dans ses manuscrits[49] une lettre autographe de Pernety, datée de Valence, 30 septembre 1786, adressée au libraire Rayer, de Paris. Ce libraire avait demandé à Pernety de réduire en un gros volume, en vue d'une publication, les énormes traités de Lavater sur la *Physionomie* et ses propres ouvrages sur la question.

Pernety lui répond:

«Monsieur,

«Le projet que vous vous proposez d'exécuter ne me paraît guère praticable, par la raison que je ne vois pas de possibilité à réduire en un volume in-12, même en un in-8°, quelque gros qu'ils puissent être, les neuf ou dix ou onze volumes in-4° de Lavater, avec les deux volumes de mon traité de la *Connaissance de l'homme moral par celle de l'homme physique* et les *Observations sur les maladies de l'âme*, qui forment le troisième volume, et les *Lettres sur la physionomie*, qui ne sont pas de moi, comme vous le pensez, mais d'un de mes cousins. Vouloir traiter tout cela en abrégé, ce serait se donner une tâche plus que très pénible, puisqu'on ne pourroit qu'en donner une analyse bien difficile à faire pour qui voudrait y mettre les principes de la science physionomique et les résultats immenses des combinaisons qui en dérivent. D'ailleurs, je vous avoue que je ne me chargerois pas de cette tâche, j'en ai d'autres à remplir qui me paroissent plus intéressantes et qui prennent tout mon temps.

Je suis informé par diverses lettres que mon *Traité de la connaissance de l'homme moral* et les *Observations sur les maladies de l'âme* ne se trouvent plus chez les libraires de France, et je sçais aussi qu'il n'en restait que quelques exemplaires

---

[49] Manuscrit n° 1131. Lettre autographe de Pernety à M. Rayer libraire, quai des Augustins, 8, à Paris).

chez le libraire Decker, imprimeur du roi, à Berlin, lorsque j'ai quitté cette ville-là, au mois de novembre 1783. Plusieurs personnes se sont adressées à moi pour se procurer cet ouvrage depuis ce temps-là, et je n'ai pu leur faire ce plaisir, n'en n'ayant qu'un seul exemplaire. M. Decker se proposoit d'aller à Paris, peut-être y seroit-il à présent. M. Barrois l'aîné, libraire de notre ville, pourra vous en donner des nouvelles, ou M. Thiébaut, chef et directeur du Bureau de la librairie de Paris, que vous devez connaître et qui est mon ami et a été mon confrère de l'Académie royale de Berlin. Si M. Decker n'en a plus, comme je le pense, vous n'avez pas de meilleur parti à prendre que d'en faire une nouvelle édition, aux trois volumes de laquelle vous joindriez les *Lettres sur les physionomies*; alors de tout cela, en grossissant un peu chaque volume, vous n'en feriez que trois. Si vous pouviez parler à M. Decker, vous pourriez traiter avec lui pour les planches qu'il a ; dans ce cas, vous seriez dispensé d'en faire graver de nouvelles. Quant aux volumes de M. Lavater, je crois que vous pouvez les laisser pour ce qu'ils sont.

« Je serais charmé, Monsieur, de pouvoir vous obliger, je le ferais avec plaisir et empressement... Si vous vous déterminez à faire paraître une nouvelle édition, je me prêterai à tout ce qui dépendra de moi pour son exécution, et je ne vous demande pour cela que quelques exemplaires pour mes amis.

« J'ai l'honneur d'être parfaitement, Monsieur, votre très humble et très obéissant serviteur,

« Dom Ant.-Jos. Pernety. »

Cette lettre est intéressante en raison de l'opinion critique qu'elle présente sur le célèbre physionomiste Lavater, et enfin sur le point qu'elle nous fixe définitivement sur l'auteur des *Lettres sur la physionomie*, l'abbé Jacques Pernety, qui n'était pas l'oncle de dom Pernety, comme le disent tous les biographes, mais son cousin.

Enfin, cette même année 1786, Pernety fit paraître une traduction de *la Sagesse angélique*[50] de Swedenborg.

Dans une Préface, Pernety répond à ceux qui disent sans cesse que Dieu est incompréhensible et que, pour connaître l'Être des êtres, il faut être lui-même. S'appuyant sur les textes des Évangiles et de saint Paul, Pernety conclut que Dieu n'est pas incompréhensible, qu'on peut le connaître et que la faute en est

---

[50] *La Sagesse angélique sur l'amour divin et sur la sagesse divine*, traduit du latin d'Emmanuel Swedenborg, par A. J. P. 2 vol. in-8°, 1786. En vente à Berlin chez Decker, imprimeur du roi, et à Lyon et Paris, chez Perisse frères. Rééd., *La sagesse angélique sur le divin amour*, arbredor. com. NDE.

à l'homme s'il ne le connaît pas, parce qu'il a obscurci son intelligence. C'est également, dit-il, l'idée de Swedenborg dans la Sagesse divine.

La Sainte-Parole avait dit à Pernety que la nouvelle cité qu'il devait fonder s'élèverait sur les rives d'un grand fleuve. Or, l'arrivée à Avignon — sur des ordres venus d'En-Haut — de Brumore, de Grabianka, des frères Bousie, de Morinval et de plusieurs adeptes de Berlin prouvait jusqu'à l'évidence qu'Avignon était le but fixé à sa mission. C'était là que devait s'établir la nouvelle Sion dont il serait le pontife. Cette constatation ne laissait pas, cependant, que de le préoccuper. Implanter à Avignon une religion et un culte nouveaux, en pleine terre papale, siège même du tribunal de l'Inquisition, juridiction ecclésiastique établie pour la recherche de ceux qui avaient de mauvais sentiments sur la religion, et les juger du crime d'hérésie, était une tâche non seulement malaisée, mais fort périlleuse.

Le futur pontife était perplexe et ne savait que faire, lorsqu'il fut mis en présence, dans un salon de Valence, du marquis de Vaucroze, qui allait jouer pour lui le rôle de la Providence.

M. de Vaucroze était un gentilhomme provençal dont les possessions territoriales se trouvaient situées à Bédarrides, à quelques lieues d'Avignon. Or, Bédarrides constituait un des trois fiefs de l'archevêque d'Avignon qui, tout en faisant partie du Comtat pontifical, n'en dépendaient pas. On disait d'eux : *In Comitatu sed non de Comitatu*[51].

Dès leur première rencontre, le marquis de Vaucroze et Pernety sympathisèrent. Pernety, doux, calme, persuasif, attirait la confiance ; de Vaucroze, de nature inflammable et emballée, écouta avec intérêt les confidences de Pernety, et bientôt, convaincu que ce dernier était destiné à changer la face de l'humanité, il lui offrit un asile sur son domaine. Il l'installa dans une petite maison de campagne, à peu de distance de son château, située sur un mamelon au milieu de la plaine, à quelques pas de la route de Bédarrides à Courthézon.

On raconte qu'un arc-en-ciel se dessina au firmament au moment où Pernety franchit le seuil de l'hospitalière demeure, qu'il baptisa du nom de Thabor. C'est là qu'allait se réveiller le petit groupe, en sommeil depuis l'exode de Prusse, et qui allait être désigné désormais sous le nom de Société des Illuminés d'Avignon.

Autour de ce petit noyau, se forma insensiblement un groupe d'adhérents recrutés tant en ville qu'à l'extérieur, qui apporta aux initiateurs de l'œuvre le concours enthousiaste et fervent des néophytes. Bientôt la Société compta une

---

[51] M. de Vissac, Dom Pernety et les Illuminés d'Avignon, dans *Mémoires de l'Académie de Vaucluse*, 3ᵉ livraison 1906.

centaine de membres, parmi lesquels il faut citer, outre Grabianka, de Morinval, les frères Bousie, venus de Berlin, le docteur de La Richardière, le docteur Bouge, vénérable de la loge *Saint-Jean d'Écosse à la Vertu persécutée*, MM. de Servières, Blainville, le comte de Pasquini-Montresson, le marquis de Thomé, qui devait plus tard fonder un rite maçonnique swedenborgien, les frères de Bournissac, de Noves, le chevalier Tardy de Beaufort, Gombault, du Vignau, le marquis de Montpezat, ardent et convaincu, qui réunissait volontiers les adhérents avignonnais dans son hôtel de la rue des Ciseaux-d'Or[52], enfin Esprit Calvet, officier de santé, professeur de physiologie et d'anatomie à la Faculté de médecine d'Avignon, fondateur du Musée Calvet.

Tous étaient francs-maçons. Ils s'appelaient entre eux *frères*. Pernety, d'ailleurs, prêtait à la Franc-Maçonnerie avignonnaise un actif concours.

Le temple du Thabor se composait de deux salons munis de chaises et de tables, avec pour ornements quelques tableaux allégoriques. L'un servait de secrétariat et de salle de délibérations ; l'autre, dans lequel était dressé une sorte d'autel, était réservé à la célébration du culte, au chant des cantiques et aux lectures pieuses.

A côté des deux salons, se trouvait le laboratoire, où les adeptes travaillaient au Grand Œuvre et à la recherche de la pierre philosophale.

On a vu, d'après le manuscrit de Pernety, que Brumore avait apporté à Avignon et remis à La Richardière, sur les conseils de la Sainte-Parole, la matière première qu'il avait reçue d'Élie Artiste. Cette matière, après avoir reçu le «second mercure», avait produit une pâte onctueuse que la Sainte-Parole avait désignée sous le nom de «l'enfant de neuf mois destiné à la sublime essence du Saint-Chrême». C'est cette matière qui était travaillée par La Rachardière et Pernety dans le laboratoire du Thabor.

Quels étaient les dogmes professés par les Frères Illuminés d'Avignon ? Les renseignements sont très confus à ce sujet. On ignore l'ensemble de leur *credo*.

L'évêque Grégoire, l'historien des Sectes religieuses, et ceux qui ont écrit sur les Illuminés d'Avignon ont émis des opinions contradictoires et parfois fantaisistes. L'étude attentive du manuscrit de Pernety, de la correspondance avec les adeptes, et enfin l'examen d'un ouvrage publié en 1791 par Pernety sur *les Vertus,*

---

[52] Cet Hôtel, qui fut l'un des quartiers généraux des Illuminés d'Avignon, est une grande et massive construction, qui porte aujourd'hui le n° 4 et 6 de la rue de Taulignon (Les Quatre maisons des Illuminés d'Avignon, par A. Marcel, dans *Mémoires de l'Académie de Vaucluse*, t. XVII, 1922).

*le pouvoir, la clémence et la gloire de Marie, mère de Dieu*[53], nous permettent de nous faire une idée plus exacte des croyances de nos Illuminés.

D'une manière générale, les idées de Pernety sont celles de Swedenborg. A l'exemple du voyant suédois, Pernety admettait un Dieu unique, incréé, infini, enfermant en lui la Trinité divine. Comme Swedenborg, il croyait aux anges, aux esprits célestes intermédiaires entre le ciel inférieur et l'homme. On sait qu'un des principaux secrets des illuminés était d'avoir la révélation et la vision directe des anges commis à leur garde.

Mais Pernety et ses disciples différaient de Swedenborg en ce qu'ils professaient un culte particulier pour la sainte Vierge. Aussi les Swedenborgiens, qui s'étaient flattés d'avoir à Avignon des coreligionnaires, virent-ils leurs espérances détruites lorsqu'ils apprirent que ces derniers, disait-on, *adoraient* la sainte Vierge.

Les opinions exprimées par Pernety dans son ouvrage firent croire, en effet, que les Illuminés d'Avignon faisaient de la sainte Vierge une quatrième personne divine et l'ajoutaient à la Trinité. Dans une invocation à la Mère de Dieu, il s'exprime ainsi : « Vous êtes au ciel mystique où l'on découvre toujours de nouveaux astres : vous êtes cette femme revêtue de la splendeur du soleil de justice dont l'éclat éblouit la vue la plus perçante. En devenant mère du Verbe incarné, vous avez été associée à la Divinité, pour ne former qu'un avec les trois personnes de la très Sainte Trinité, qu'un seul et même lis… » Et, à propos du culte spécial rendu à la Vierge, Pernety écrit : « On ne doit pas regarder ce culte comme contraire au précepte d'adorer le seul et unique Dieu et de ne servir que lui ; l'adoration que les anges et les hommes rendent à Marie, mère de Dieu, consubstantielle à son fils glorifié, ne se borne ni ne s'arrête pas uniquement à elle ; elle passe d'elle à Dieu en trois personnes distinctes, et, par communication des perfections divines, Marie offre à nos vœux et à nos hommages une *quaternité* qui sera manifestée au temps du triomphe de Jésus-Christ et de son auguste mère, lors du rétablissement de toutes choses. »

Il dit encore que la mère de Dieu est « le temple vivant de la très Sainte Trinité » et que, suivant sa manière de voir, le décret de la prédestination de la mère du Verbe incarné a dû accompagner en Dieu le décret de l'Incarnation de son Fils unique : « Ainsi elle fut conçue dans l'entendement divin, la première et la plus pure de toutes les créatures… Combien a dû s'approcher de la Divinité la mère d'un Homme-Dieu ! Quel prodige, quelle merveille du Très-Haut, supérieure à

---

[53] *Les Vertus, le pouvoir, la clémence et la gloire de Marie, mère de Dieu*, par D. A. J. P. A. D. B. vol. in-8, 423 p. A Paris, par les libraires associés, M DCC XC.

tous ses autres ouvrages! Eh bien, pourquoi, mortels, ne la considérez-vous pas sous ce point de vue? L'Être suprême doit nous paraître plus admirable dans la formation de ce tabernacle de lui-même que dans celle de toutes ses autres créatures. »

A cette époque, où la théologie mariale n'avait pas pris l'essor et le développement qu'elle a acquis au cours du XIX⁰ siècle, cette théorie pouvait, en effet, paraître étrange, et l'on comprend que se soit accréditée l'opinion que nos Illuminés adoraient la sainte Vierge.

Cette conception de la vierge Marie dans l'entendement divin n'eut lieu que pour permettre à Dieu de communiquer sa divinité et les trésors de sa gloire par l'union hypostatique de la seconde personne de la Trinité avec la nature humaine. La fin principale de cette union hypostatique fut la gloire qui en devait rejaillir sur le nom de Dieu et sur toutes les créatures capables de recevoir celle qu'il leur préparait. De sorte que, selon Pernety, l'incarnation est indépendante du péché d'Adam : « L'incarnation aurait eu lieu quand même le premier homme n'eût pas péché. Mais, si l'homme se fût conservé dans l'état d'innocence, la forme humaine que le Verbe aurait prise dans le sein de Marie aurait été impassible et immortelle. Il aurait vécu et conversé avec les hommes pour se communiquer intimement à eux, mais tel qu'il fut depuis sa résurrection jusqu'à ce qu'il retourna à son Père. Les mystères de la Divinité auraient été manifestés à tous, comme il le fit lorsqu'il se transfigura sur la montagne en présence de Pierre, de Jacques et de Jean… Tous auraient ainsi vu le Fils unique de Dieu dans sa gloire ; ils auraient eu l'idée de celle qui les attendait et ils n'auraient mis aucun obstacle à ses effets sur eux. Tout ce qui appartient à cet état d'impassibilité a été caché à l'homme après son péché et n'a été connu que de ceux à qui il a plu à Dieu de le révéler (1). »

C'est là l'apanage exclusif des vrais illuminés que Dieu comble non seulement des dons naturels inhérents à l'humanité, mais encore des dons d'un ordre supérieur et que Pernety désigne ainsi : 1° le don de la sagesse, qui donne à l'âme une connaissance claire, au moyen de laquelle elle voit les choses divines et les choses humaines telles qu'elles sont réellement ; 2° le don de l'entendement, qui est une lumière vive et sans nuage qui éclaire notre âme et dissipe les ténèbres de notre esprit ; 3° le don de la science, qui permet de lever les difficultés les plus obscures et les plus difficiles à résoudre que l'ignorance a enfantées.

En plus de ces dons, l'Être suprême peut encore, suivant Pernety, accorder à des âmes choisies, épurées par le feu de son amour, la grâce insigne de la communication avec les anges. Mais elle exige une grande pureté d'âme, et l'on a vu, par l'exemple de Pernety lui-même, combien, malgré les objurgations de la Sainte-Parole, il lui avait été difficile de réaliser cet état.

Il faut pour cela être dégagé de toutes les affections terrestres, car, dit Pernety, «les semblables s'unissent avec les semblables et ne peuvent s'allier avec leurs contraires». Il faut donc, écrit-il dans ses instructions, «que l'âme mène une vie plus angélique qu'humaine si elle veut communiquer avec les anges. Quoique revêtue d'une enveloppe terrestre et corruptible, la créature, aidée de la grâce divine, peut surmonter ses passions, renoncer à ses affections terrestres, mourir au monde… Parvenue à ce point, elle se trouve dans la disposition requise pour que Dieu ouvre les yeux de son âme et l'élève à la vision des esprits angéliques, pour recevoir par leur communication des communications, des révélations célestes, même divines, et éprouver les effets admirables qui en sont le résultat.»

Les Illuminés d'Avignon visaient donc à la perfection par l'exaltation et le mysticisme. Leur culte était absolument secret et dégagé de toute contrainte sacramentelle, sauf la célébration de la Cène. Au témoignage de Gombault, vieillard mort en 1822, qui fut affilié à la plupart des Sociétés secrètes, et dont le témoignage fut recueilli par l'évêque Grégoire dans son *Histoire des sectes religieuses*[54], tous les initiés célébraient chacun à leur tour la Cène, qu'ils s'administraient réciproquement.

Une hiérarchie rigoureuse n'imposait pas aux fidèles son autorité régulatrice. Loin d'être compliquée, à l'égal de celle des autres ordres d'Illuminés, la gradation établie entre les frères d'Avignon était des plus embryonnaires deux classes seulement, les novices ou mineurs et les illuminés moyens; à leur tête le mage, pontife et patriarche; enfin, au-dessus du mage, en guise de pouvoir absolu la Bible, présidant à toutes les cérémonies, la Bible aux trois sens, céleste, spirituel et naturel; la Bible, dont quelques livres seulement étaient sacrés, les autres n'ayant qu'une portée incidente[55].

Une certaine latitude dans les croyances était laissée aux adeptes sur les points secondaires, n'étant pas de nature à altérer l'unité de doctrine. Et cependant, cette latitude allait provoquer des divergences d'opinions assez sérieuses entre Pernety et le comte Grabianka. Ce dernier, qu'on appelait vulgairement le «comte polonais» et qui se désignait lui-même sous le nom de «comte Ostap[56]», avait fait à Avignon, en 1785, une entrée brillamment tapageuse, si l'on en croit la

---

[54] T. II, p. 197.
[55] Dom Pernety et les Illuminés d'Avignon, par M. de Vissac. *Mémoires de l'Académie de Vaucluse*, 3ᵉ livraison, 1906).
[56] Il existe aux archives de la bibliothèque d'Avignon, dans les papiers d'Esprit Calvet, une lettre autographe de Grabianka à Calvet, signée «Ostap, polonais».

chronique du temps. Homme exubérant, fastueux, d'activité fébrile, il s'était installé au n° 22 de la rue de la Colombe, aujourd'hui rue Agricol-Perdiguier, dans un petit hôtel formant maison de deux étages sur rez-de-chaussée [57]. Il menait là un train de prince, se montrant spirituel et aimable envers chacun, recevant à table ouverte.

Sa physionomie nous a été conservée, dit M. de Vissac, par un médaillon en étain repoussé, qui est au musée d'Avignon. La tête est pointue, le front fuyant, faisant une ligne droite avec le nez en bec à corbin, l'œil est pétillant, la lèvre mince, le menton double, caractéristiques d'un homme à la fois sensuel et mystique.

L'abbé Granget dit de lui : « Noble aventurier, homme aimable, brillant en société, prodiguant des trésors et n'ayant pas le sou, inépuisable dans l'art d'inventer de nouvelles jouissances, amusant la noblesse, la ruinant et s'en faisant adorer, il était parvenu à fasciner les esprits [58]. »

Se faisant l'écho de ces accusations venant d'adversaires déterminés, M. Adrien Marcel, dans sa récente étude sur les *Quatre maisons des Illuminés d'Avignon* [59] écrit, parlant de Grabianka et de ses adhérents, que les mœurs de ce milieu prêtaient largement à la critique, et les bruits chuchotés d'une oreille à l'autre dans la société avignonnaise étaient qu'on y pratiquait les jeux de l'amour et du hasard avec une libéralité excessive.

On ne peut accepter ces accusations que sous réserves !

Quoi qu'il en soit, il est certain que l'ampleur exagérée que prenait chez Pernety le culte de la sainte Vierge effaroucha Grabianka, qui provoqua dans le groupe des Illuminés d'Avignon une sorte de dissidence, facilitée d'ailleurs par l'éloignement de Pernety d'Avignon, laissant ainsi à Grabianka les coudées franches. Le nouveau groupe se désigna sous le nom de Nouvel Israël. Installé en pleine ville, il était de ce fait plus accessible aux fidèles que le Thabor. Grabianka s'était décerné le titre de pontife. Lorsqu'il célébrait la Cène ou qu'il la faisait célébrer par un de ses adhérents, l'office commençait par le chant du psaume *Exurgat Deus*, qui avait été quelque peu modifié par le chevalier de Beaufort. Il continuait —au dire de la chronique scandaleuse— par des mystères «où le culte de la Vierge était remplacé par celui de personnes moins immaculées, auxquelles on rendait des hommages moins immatériels. A un moment donné, toutes les lampes s'éteignaient pour faire place à une clarté mystique et surnatu-

---

[57] La maison de Grabianka existe toujours : Elle forme l'angle du square Agricol Perdiquier et de la rue du même nom.
[58] Abbé Granget. *Histoire du diocèse d'Avignon*, 1862, t. II, p. 429.
[59] *Mémoires de l'Académie de Vaucluse*, 1922.

relle qui électrisait l'assistance, déjà prédisposée par la griserie des aromes, de la musique et de la bonne chère[60]. »

Il est difficile d'accepter comme véridiques ces racontars. Mais ce qui est plus certain, c'est que Grabianka avait intronisé dans l'ordre un nouveau dignitaire, l'Homme-Roi, appelé à réunir sous son sceptre l'unanimité du futur peuple de Dieu. C'était un ancien jardinier de Rome, Ottavio Capelli, qui avait été domestique dans un couvent de religieuses et qui recevait des communications de l'archange Raphaël.

Pernety se plaignait amèrement à la Sainte-Parole de l'usurpation dont il était victime. Il craignait de voir le schisme s'introduire dans la Société et les frères se détourner de la voie qu'il leur avait tracée.

La Sainte-Parole compatit sans doute à sa plainte, car il ne paraît pas que Grabianka ait eu beaucoup de succès. Ses ennemis racontent même que, ruiné, il vécut d'emprunts, et qu'en 1792 il aurait échappé par la fuite à ses créanciers en laissant derrière lui un passif de 400,000 livres.

Cela encore est faux. Peut-être s'éclipsa-t-il pendant la Terreur à l'heure où les Illuminés furent l'objet de poursuites, mais, dit M. Adrien Marcel[61], « ce qu'il y a de certain, c'est que nous revoyons Grabianka à Avignon sous le Directoire, puisque le 11 germinal an V, il fut un des témoins du mariage du négociant Basin avec une demoiselle Berthout-Vunberchen, tous deux originaires de Suisse[62]. »

---

[60] M. de Visaac, Dom Pernety et les Illuminés d'Avignon.
[61] Les Quatre maisons des Illuminés d'Avignon.
[62] Archives d'Avignon. E., mariages an V, fol. 92.

# CHAPITRE VI :
## LES ILLUMINÉS D'AVIGNON
## (SUITE)

La Société des Illuminés d'Avignon allait vers cette époque (1789) recevoir une recrue d'importance en la personne du chevalier de Corberon, dont M. Labande a publié, en 1901, le curieux *Journal intime*, en deux volumes aujourd'hui rarissimes[63], d'après le manuscrit original conservé à la bibliothèque Calvet d'Avignon[64].

Marie-Daniel Bourrée, chevalier, puis baron de Corberon, issu d'une ancienne famille de Bourgogne, était né à Paris le 15 juillet 1748. Après quelques années de carrière militaire, il s'était lancé dans la diplomatie et était devenu, en 1778, conseiller de légation à Cassel, puis chargé d'affaires à la cour de Russie en 1775. C'était, dit M. Labande, un homme du monde accompli. Intelligence vive, esprit enjoué, parfois incisif et caustique, une volonté opiniâtre, mais surtout un jugement sûr et une grande franchise : tel était le fond de son caractère.

Grand admirateur de Rousseau, de d'Alembert, de Diderot, d'Helvétius, il avait peu d'admiration pour les religions, et surtout pour la religion catholique.

A l'instar de la plupart des nobles du xviiie siècle, il était franc-maçon ardent. Dès son arrivée en Russie, il fréquenta les chefs de la maçonnerie et notamment le général Melissino et le comte de Brülh. Il fit la connaissance de Cagliostro à Saint-Pétersbourg. Il s'affilia à tous les rites maçonniques qu'il lui fut possible de joindre, pénétra dans des loges où se coudoyaient les systèmes les plus divers, de philosophie, de religion, de magie, d'alchimie.

Peu à peu ses idées se modifièrent ; il se complut dans les études de magie et d'occultisme, à tel point qu'un jour l'impératrice Catherine II le qualifia de « déterminé voyeur d'esprits ». Arrivé en Russie philosophe à la façon de Voltaire, de Rousseau et des encyclopédistes, il allait en repartir — rappelé en France à la suite d'intrigues, en 1780 — avec des idées religieuses, mais non catholiques.

---

[63] *Un diplomate français à la cour de Catherine II* (1775-1780). Journal intime du chevalier de Corberon, chargé d'affaires de France à la cour de Russie, publié d'après le manuscrit original, par L.-H. Labande, 2 vol. in-8°. Paris, Plon, 1901.

[64] Ce manuscrit, qui forme six volumes catalogués sous les nᵒˢ 3054 à 3059, contient de nombreux documents sur la franc-maçonnerie, la cabale, l'alchimie et les sociétés secrètes de l'époque, documents en grande partie supprimés par M. Labande dans son impression.

Peu après, il fut envoyé comme ministre plénipotentiaire à la cour des Deux-Ponts. Là, il eut l'occasion de lire les ouvrages de Swedenborg et s'engoua des théories religieuses et philosophiques du voyant suédois. Il entra en relation de correspondance avec le traducteur français de Swedenborg, Pernety, qui était alors à Berlin, et avec tous ceux qui s'intéressaient aux doctrines de la nouvelle Jérusalem.

Mis en disponibilité à la suite d'une disgrâce, il rentra en France en 1786[65]. Il vint à Paris, où il suivit les leçons de Mesmer à la loge l'Harmonie, et lia connaissance avec des francs-maçons appartenant aux rites les plus divers. C'est là qu'il rencontra pour la première fois, le 23 février 1787, le staroste de Livie comte Grabianka, avec qui il eut un entretien qui dura trois heures. Grabianka lui parla longuement de la Société d'Avignon. Comme le staroste était sur le point de partir en voyage pour l'Italie, ils se promirent d'échanger quelques correspondances dans lesquelles Grabianka lui donnerait des explications complémentaires concernant les frères d'Avignon et leurs croyances.

On a, en effet, une lettre de Grabianka datée du 19 juillet 1787; mais Corberon allait la laisser sans réponse jusqu'au 23 mai 1788, date à laquelle il écrit : «...Lorsque je reçus votre lettre du 19 juillet dernier, T. C. F., je vous avoue que je ne la compris pas. Mon intérieur n'étoit pas disposé à l'entendre et j'en rejettois la faute sur vous, lorsque, hélas moi seul en étois l'unique cause. Vous m'ajoutés bien : qu'il était impossible que je comprisse cela à présent... Qu'est-il arrivé de mon aveuglement d'alors?... Je reconnois à présent que votre langage est celui de la vérité...»

Il faut dire qu'entre temps Corberon avait pris des renseignements sur Grabianka. Il avait écrit à Berlin, au comte Brühl, gouverneur des enfants du prince de Prusse, qui lui avait répondu le 10 avril 1787 : «...Je suppose que le comte polonais auquel vous me dites avoir parlé avant son départ pour l'Italie est Grabianka. Je connais les liaisons, elles sont très bonnes. Si vous embrassés son système, je crois pouvoir vous faire compliment...»

Corberon était d'ailleurs resté en relation avec les francs-maçons hermétistes allemands, car le 20 juillet 1787 il écrivait de Paris à M. de Huttel :

«Mandés-moi si vous avés à Berlin une brochure allemande petit in-4°, ayant pour titre : *Elias Artiste*. C'est un excellent traité de la science hermétique que j'ai

---

[65] Le Journal du chevalier de Corberon s'arrête en 1785. Mais il existe à la bibliothèque d'Avignon un autre recueil manuscrit sur lequel Corberon a transcrit sa correspondance avec différents membres de sociétés secrètes. Ce recueil, que nous allons utiliser, fut saisi à son domicile, en même temps que son *Journal intime* et divers papiers de famille, lors de son arrestation par les révolutionnaires. Il est enregistré sous le n° 3060 et porte pour titre : *Recueil de Corberon*.

fait venir de Hambourg l'année dernière. Mais on n'y a pas joint le rapport des cures extraordinaires, des merveilles et transmutations opérées par Élie Artiste, avec les certificats des magistrats de cette ville. Vous savez peut-être que cet Élie Artiste était, du vivant de Swedenborg, son ami intime, son correspondant et, en quelque sorte, son trésorier. »

Bientôt, il s'enthousiasma des doctrines des Illuminés d'Avignon. Non seulement il entretint une correspondance suivie avec Grabianka, mais encore avec plusieurs frères de la Société Gombault, le comte Pasquand, Picot, les frères Bousie, de La Richardière, et il n'eut qu'un désir se faire admettre dans la Société et vivre en leur compagnie à Avignon.

Dans une lettre à Grabianka, du 11 août 1789, il écrit :

« Mes compliments, je vous prie, à tous les chers frères dont je désire ardemment augmenter le nombre, et particulièrement aux frères Bousie, de La Richardière et Pernetti. Il y a longtemps que je me propose d'écrire à ce dernier, avec lequel j'ai eu l'avantage de correspondre deux ans, et ma correspondance durerait encore, si lui-même ne m'avait invité à la suspendre, lorsqu'il méditait son départ de Berlin. »

Grabianka lui ayant demandé de faire son possible pour amener sa femme et ses frères à accepter les « sublimes vérités » de la Société d'Avignon, Corberon lui répond dans cette lettre du 11 août : « …Je crois que mon devoir est de tenter cette entreprise, mais, je le sens, c'est une tâche au-dessus de mes forces si je ne suis pas puissamment protégé et soutenu dans mes efforts. La digne sœur du temple, qui ne veut pas être appelée autrement, Mme D., me fait espérer le succès, en me recommandant une douceur, une patience, une tolérance qu'il est difficile de conserver lorsqu'on a à combattre des préjugés de soixante-douze ans… » Il s'agit, on le comprend, de son père, auprès de qui ses efforts pour l'amener à accepter les doctrines de la Société d'Avignon restèrent infructueux. Il n'en fut, par contre, pas de même pour sa femme, qu'il amena rapidement à partager ses idées. Il en informa aussitôt Grabianka.

Peu de temps après, il fit la connaissance des frères Bousie, Gombault et Duvignau, au cours d'un voyage qu'ils firent à Paris. Il leur demanda s'il aurait bientôt, — ainsi que sa femme — le bonheur d'aller leur faire une visite à Avignon. Il lui fut répondu qu'il ne pouvait pas recevoir de suite une réponse, mais que celle qu'il recevrait les satisferaient tous les deux, sa compagne et lui. Il fallait attendre et espérer.

Une lettre de Grabianka au frère Bousie père, dans laquelle se trouvait une phrase renfermant la même idée, le combla de joie, et il écrivit le 31 août 1789 à La Richardière :

«…Une des choses, mon très cher frère, qui me fait ardemment désirer le bonheur d'être admis à votre admirable Société, c'est la liberté qu'elle me procurera de me livrer entièrement et sans distractions humaines à l'étude sublime et consolante de la religion et de la nature, avec la compagne que Dieu m'a donnée et qui partage avec moi les mêmes idées d'être parmi vous… Priés pour nous deux, afin que nous obtenions bientôt cette faveur. Je dis bientôt, car, d'après ce qui m'a été écrit sur votre compte, il semble que nous pouvons nous flatter de l'être un jour! Mais vous savés que l'attente d'un bien qu'on désire et dont on vous fait même espérer la possession est toujours longue…»

Entre temps, il parlait des frères d'Avignon à plusieurs de ses parents et amis, notamment au comte de Thiroux, ancien colonel d'infanterie, à Clos en Dunois.

Il existe dans le dossier manuscrit de Corberon une lettre du comte de Thiroux, datée du 2 août 1789, adressée *Aux Frères de la Société d'Avignon*. Après leur avoir dit qu'il a entendu parler de leur Société par un de ses parents, comme pouvant l'éclairer sur les grandes questions qui l'intéressent, il déclare qu'après avoir parcouru tous les grades maçonniques, il n'a pu trouver une preuve satisfaisante de l'immortalité de l'âme.

«…Si je crois, Messieurs, que, par vos moiens, je puisse avoir cette preuve à laquelle il seroit impossible de ne pas se soumettre, je me rendrois à Avignon vous supplier de m'accorder ce que je désire… Si je dois en croire ce que l'on me dit, de vos vertus, des vérités que vous avés découvertes et des communications que vous avés avec le Très-Haut, vous êtes à même de me tirer de mon incertitude en me donnant des preuves irrévocables de l'immortalité de l'âme, ce serait le plus grand service que je puisse recevoir. Je préférerois cette conviction à tout ce que les hommes peuvent désirer, car à quoi peut servir la connoissance de la pierre philosophale, de l'or potable, etc., lorsqu'on peut attendre dans l'autre vie un sort au-dessus de tous les bonheurs de celle-cy…»

Quelque temps après, le comte de Thiroux fut admis dans la Société.

Quant au baron de Corberon, après avoir séjourné un an à Toulouse pour le rétablissement de sa santé, il put enfin partir avec sa femme pour Avignon. Ils y arrivèrent dans les premiers jours de juin 1790 et élurent domicile, 36, rue Calade (aujourd'hui rue Joseph Vernet). Ils firent la connaissance de Pernety et, enfin, furent admis dans la Société d'Avignon.

Corberon se plia sans réserve à la direction de Pernety. N'étant pas, comme Grabianka, un indiscipliné, il fréquenta assidûment l'hôtel de la rue des Ciseaux d'Or, où le marquis de Montpezat célébrait les rites de la nouvelle religion, et fut un fervent des cérémonies du Mont-Thabor, où il se rendait d'autant plus fréquemment que la ville d'Avignon commençait à être fort agitée par les passions politiques.

Cette période fut une des plus brillantes de l'Illuminisme avignonnais. A.-H. Dampmartin, maréchal des camps et armées du roi, qui visita nos Illuminés à cette époque, devait en faire, quelques années après, en 1799, le plus grand éloge dans son journal *le Spectateur du Nord*[66]. *Plus tard, dans ses Mémoires,* publiés en 1825, il s'exprime ainsi au sujet des frères d'Avignon : « Mon second séjour à Avignon (en 1792) me mit à portée de connaître une Société surprenante, dont les membres m'inspirèrent un respect mêlé de doute, de surprise et d'admiration. Sur un ordre qu'ils croyaient surnaturel, ils étaient venus de différentes contrées de l'Europe se rassembler dans un même centre. Un seigneur polonais avait sur eux l'autorité de chef. Dom Perneti, ancien bibliothécaire du grand Frédéric, exerçait les fonctions d'apôtre et plusieurs hommes connus se montraient des disciples zélés. Les uns comme les autres, pleins de confiance dans la voix, selon eux céleste, qui guidait leurs actions, bravaient les dangers et ne redoutaient ni le désordre ni le tumulte. On les vit, également tranquilles et fermes, pratiquer les vertus bienfaisantes, remplir les exercices de piété, faire, en un mot, dans le sein de l'abomination, revivre les mœurs des premiers chrétiens.

« Une alliance d'hommes religieux, placée en parallèle avec une coalition de scélérats effrénés, formait le contraste le plus sublime. Ces sectaires, égarés peut-être par leur amour même pour la Divinité, m'accueillirent avec un empressement qui me toucha. J'éprouvais d'abord le désir d'être du nombre de ces élus ; mais la réflexion et le sentiment l'éteignirent.

« Je chéris, je respectai des hommes dont l'imagination se montrait exaltée par des motifs nobles et religieux ; mais je reconnus en moi l'impossibilité d'embrasser sincèrement leurs opinions. Les tromper par un zèle hypocrite ! Grâce au ciel, mon cœur en repoussa la pensée.

« Ils me prédirent avec une surprenante clarté les événements dont je n'ai pas cessé d'être ou le jouet ou la victime. Rien de plus naturel que le souvenir doux et précieux qu'ils m'ont laissé... [67] »

Jusqu'alors, les illuminés d'Avignon n'avaient pas été inquiétés par le pouvoir religieux. L'archevêque, Mgr di Giovo, sous la juridiction duquel, nous l'avons

---

[66] *Le Spectateur du Nord*, journal politique, juillet-août-septembre 1799, en Basse-Saxe, t. XI, p. 98 et suiv.

[67] Mémoires sur divers événements de la Révolution et de l'émigration, par A.-H. Dampmartin, maréchal des camps et armées du roi, p. 306, 307, 308, 2 vol. A Paris, chez Hubert, libraire, Palais-Royal, MDCCCXXV.

dit, se trouvait le Thabor, avait fermé les yeux. Après une enquête sommaire, il avait estimé que l'existence semi-clandestine de la Société d'Avignon était sans portée, et il avait renoncé à toute poursuite contre ses fidèles.

Il n'en fut pas de même du vice-légat Casoni, qui se montra plus chatouilleux. Jouissant dans Avignon de toutes les prérogatives souveraines, puisqu'il réunissait dans ses mains les pouvoirs exécutif, législatif et judiciaire, il intima aux Illuminés l'ordre de se dissoudre et de quitter le territoire comtadin ; mais cette injonction resta lettre morte. Le vice-légat saisit alors de l'affaire le tribunal de l'Inquisition. Un commissaire du Saint-Office fut nommé pour informer et établir un rapport sur la question. Ce rapport, publié à Rome en 1791 par le Père Pani, dominicain, commissaire du Saint-Office, est un des rares documents écrits que l'on possède concernant les Illuminés d'Avignon. Il s'exprime ainsi : «Depuis quelques années, Avignon a vu naître une secte qui se prétend destinée à réformer le monde, en établissant un nouveau peuple de Dieu. Les membres, sans exception d'âge ni de sexe, sont distingués non par un nom, mais par un chiffre. Les chefs, résidant en cette ville, sont consacrés avec un rite superstitieux. Ils se disent très attachés à la religion catholique ; mais ils prétendent être assistés des anges, avoir des songes et des inspirations pour interpréter la Bible. Celui qui préside aux cérémonies se nomme patriarche ou pontife. Il y a aussi un roi destiné à gouverner le nouveau peuple de Dieu. Un nommé Ottavio Cappeli, qui a été jardinier, puis domestique, correspond avec eux, prétend avoir des réponses de l'archange Raphaël, et il a composé un rite pour la réception des membres. L'inquisition lui a fait son procès, l'a condamné à abjurer ses erreurs et à sept ans de détention dans une forteresse. La même sentence poursuit les membres de la Société des Illuminés d'Avignon, comme s'attribuant faussement des apparitions angéliques, suspectes d'hérésie ; elle défend de s'y engager, d'en faire l'éloge et ordonne de dénoncer ses adhérents aux tribunaux ecclésiastiques [68]. »

Mais cette condamnation devait rester sans effet. La Révolution commençait à se faire sentir à Avignon. Le parti *français*, composé d'hommes éclairés, propagandistes zélés des idées nouvelles, était entré en lutte ouverte avec les hommes du passé, les amis du statu quo, qu'on appelait les papistes. Enfin, le rattachement du Comtat-Venaissin à la France allait réduire à néant les décrets inquisitoriaux.

D'ailleurs, peu à peu, les illuminés suivaient la marche de la philosophie. Ils avaient suspendu les cérémonies cultuelles pour célébrer les fêtes civiques qui

---

[68] *Notificazione* du Père Pani, dominicain, contre Ottavio Cappeli. Rome, 21 novembre 1791, cité par Grégoire, *Histoire des sertes religieuses*.

avaient été récemment instituées fête de l'Hymen, fête des Époux, fête de la Vieillesse, fête de la Piété filiale, etc. Ils se réunissaient dans l'hôtel du marquis de Montpezat. On retrouve, d'autre part, leur nom sur toutes les listes de dons patriotiques versés entre les mains de la municipalité.

Ils traversaient tant bien que mal les phases orageuses de la Révolution quand fut promulguée la loi des suspects. Cette loi, rendue par la Convention le 17 septembre 1793, considérait comme suspects non seulement tous les citoyens soupçonnés de modérantisme, mais encore tous ceux qui n'avaient rien fait en faveur de la liberté.

Les conventions résultant de l'annexion en retardèrent un peu les effets dans le Comtat-Venaissin. Bientôt, néanmoins, l'émigration dissémina une notable partie des Illuminés ; la prison recueillit les autres. Le culte et les fêtes particulières célébrées dans l'hôtel de Montpezat durent être suspendus. Le marquis de Montpezat lui-même mourut peu après. Grabianka s'était momentanément éloigné d'Avignon. De son côté, de La Richardière, après avoir enfoui dans une cachette la substance philosophale qu'Élie Artiste avait remise à Brumore et que ce dernier lui avait léguée selon les ordres de la Sainte-Parole, disparut d'Avignon.

Le baron de Corberon, peu après la promulgation de la loi dans le Comtat, fut arrêté comme ci-devant noble et incarcéré dans l'ancien couvent de la Miséricorde, le 9 germinal an II[69]. Après un séjour d'un mois, il fut, par ordre du Comité de Salut Public, dirigé sur Paris.

Mme de Corberon fut arrêtée le lendemain du départ de son mari et emprisonnée à l'ancien hôtel Honorati, rue de la Masse, transformé en maison de détention.

Corberon eut de la chance. Pendant qu'on le conduisait à Paris, la journée du 9 thermidor, qui vit l'écroulement de la Terreur, lui sauva la vie. Incarcéré au Luxembourg, il recouvra la liberté le 7 brumaire an III. Par ordre du Comité révolutionnaire d'Avignon, sa femme fut relâchée le 10 vendémiaire de la même année. Elle vint le rejoindre à Paris, où ils fixèrent désormais leur résidence.

Quant à Pernety, bien que ne se montrant pas en public, ne se mêlant de rien, il fut néanmoins arrêté au Thabor le 12 octobre 1793, en vertu du décret des 9 et 10 octobre de la même année, dit Loi sur les Anglais, ordonnant la mise en arrestation immédiate de tous les Anglais, Irlandais, Écossais, Hanovriens et généralement de tous les sujets de la Grande-Bretagne actuellement sur le territoire

---

[69] C'est à la saisie de ses papiers, lors de son arrestation, que la bibliothèque Calvet doit de posséder les documents manuscrits que nous utilisons pour écrire cette partie de notre étude.

de la République, à l'exception des ouvriers travaillant depuis six ans dans les manufactures de l'État et des enfants au-dessous de douze ans.

Une lettre du commissaire François Poultier, représentant du peuple dans les Bouches-du-Rhône, envoyé à Avignon pour organiser le département de Vaucluse, lettre écrite d'Avignon au Comité de Salut public le septième jour de la troisième décade de l'an II (18 octobre 1793), nous révèle les motifs de cette étrange arrestation :

« La loi sur les Anglais est une juste représaille de l'attentat commis sur nos collègues indignement assassinés à Toulon par les soldats de la cour de Saint-James. Le même sort nous attendait de la part de cette cour. Votre prudence a déjoué ces projets coupables et Couthon nous a vengés. La rigueur de votre loi nous oblige à demander votre avis pour les cas qui méritent des considérations particulières.

« L'on a arrêté à Avignon :

« 1° Jacques Mac Grégor, âgé de soixante-dix ans, né en Écosse, proscrit de sa patrie, au service de la France depuis 1745, pensionné de la République, qui lui est redevable de plusieurs sommes par lui avancées dans l'Inde ;

« 2° Guillaume Boursie, âgé de soixante-deux ans, né à Londres, commerçant à Bordeaux depuis vingt-deux ans, fixé à Avignon depuis trois ans, naturalisé français, ainsi que sa femme et ses enfants ;

« 3° Antoine-Joseph Pernety, âgé de quatre-vingts ans, né à Roanne en Forez. C'est un savant qui a demeuré longtemps en Prusse avec permission du gouvernement.

« Ces différents particuliers demandent leur élargissement ; mais nous n'avons voulu prendre aucune détermination avant de vous consulter[70]. »

Poultier prenait, on le voit, fait et cause pour Pernety.

Cette arrestation était d'ailleurs si arbitraire et si contraire au bon sens que la municipalité ne l'avait exécutée qu'à regret, et le représentant du peuple, ayant conscience de la bonne conduite et de l'innocence de Pernety, réclamait son élargissement.

La Convention ne put accorder cet élargissement qu'après un rapport spécial du Comité de législation. Celui-ci, reconnaissant l'erreur commise, accorda la mise en liberté de Pernety et, de plus, décréta qu'une pension lui serait accordée par l'État.

Libéré, Pernety vint habiter à Avignon l'hôtel de la Bastide, 16, place des

---

[70] Recueil des actes du Comité de Salut public avec correspondances officielles des représentants en mission, publié par F. Aulard, t. VII, p. 498.

Trois-Pilats, immeuble appartenant à un de ses adhérents, Joseph-François Gasqui. Cet immeuble, qui existe encore aujourd'hui, est une grande et assez belle habitation, dont la façade se développe sur un des côtés de la place, entre la rue de la Sorguette et une impasse sans dénomination. Il comporte un rez-de-chaussée et deux étages[71].

C'est là que Pernety, qui avait dû fermer les portes du Thabor, vint se réfugier et reprendre avec la même simplicité d'âme qu'auparavant ses études hermétiques. Il eut toutefois l'amer regret de ne pas découvrir, malgré toutes ses recherches, la cachette où de La Richardière, avant son départ d'Avignon, avait enfoui la matière première du Grand Œuvre. Ainsi, tout était à recommencer.

Pernety se remit à l'ouvrage, toujours guidé par la Sainte-Parole, qui l'assurait que la période révolutionnaire était un temps d'épreuves nécessaires avant l'établissement du futur peuple de Dieu dont il serait le souverain pontife. Il vivait dans cette attente, travaillant avec ardeur à regrouper les adeptes, lorsque la mort le frappa soudainement le 16 octobre 1796.

L'abbé Corenson, dans son *Recueil de pièces relatives à la Révolution dans notre contrée*[72], dit de Pernety :

« Ce grand maître de l'Illuminisme fut foudroyé à Avignon par une attaque d'apoplexie en rentrant chez lui, après avoir présidé sa loge mère. »

J'ai dit que Pernety décéda en 1796. Cependant, si vous ouvrez n'importe quel dictionnaire, n'importe quelle biographie de Pernety, vous y verrez qu'après la Révolution il se retira à Valence, où il mourut en 1801, à l'âge de quatre-vingt-cinq ans. C'est un fait admis par tous ; la ville et la date du décès ont été transmis de notice en notice, de livre en livre, sans que jamais personne ait songé à s'assurer de leur exactitude.

Il y a cependant là une double erreur de lieu et de date.

C'est à M. Adrien Marcel, qui a découvert l'acte mortuaire de Pernety, inscrit dans les registres municipaux d'Avignon, que nous devons cette constatation[73].

Cet acte dit, en effet, que « le 25 vendémiaire an V les citoyens Joseph Rostin, garçon de confiance, et Ferdinand Laqueur, négociant, ont déclaré à l'officier d'état civil de la commune d'Avignon que Joseph-Antoine Pernetti, pensionnaire de l'État, né à Roanne, département du Rhone[74], est décédé aujourd'hui, à

---

[71] Les Quatre maisons des Illuminés d'Avignon.
[72] Manuscrit n° 2066 de la bibliothèque d'Avignon.
[73] *Mémoires de l'Académie de Vaucluse*, t. XXII, année 1922. Les Quatre maisons des Illuminés d'Avignon.
[74] Roanne faisait alors partie du département de Rhône-et-Loire.

huit heures du matin, âgé de quatre-vingt-un ans, dans la maison d'habitation, du citoyen Gasquy, place des Trois-Pilats[75]. »

Voilà qui est formel Pernety ne décéda pas du tout à Valence en 1801, mais à Avignon, le 25 vendémiaire an V, c'est-à-dire le 16 octobre 1796.

Peut-être a-t-on confondu avec son frère cadet, qui résidait à Valence et fut également membre de la Société des Illuminés d'Avignon.

Après la mort de Pernety et à la suite de la tourmente révolutionnaire qui était venue jeter le trouble dans le petit groupement des Illuminés d'Avignon, les adeptes, désemparés, s'étaient dispersés. Grabianka, contrairement à l'opinion de Vissac, qui prétend qu'il disparut soudain et qu'on ne sut jamais ce qu'il était devenu, se réfugia d'abord à Paris et peu après partit pour Londres. Il alla ensuite à Lemberg et de là passa en Russie, où il se créa de nombreuses relations, dans le but, a-t-on dit, de rétablir le royaume de Pologne et d'en obtenir la couronne. Mais, bientôt soupçonné de conspirer contre le gouvernement du tsar Alexandre Ier, il fut arrêté au mois de septembre 1809 et mourut en prison[76].

Nous avons vu, d'autre part, que le baron de Corberon, après sa mise en liberté, était resté à Paris. Il y devait mourir le 31 décembre 1810.

La Société des Illuminés d'Avignon voyait peu à peu le nombre de ses adhérents s'amoindrir.

En 1800, elle ne comptait plus qu'une quinzaine de membres résidant à Avignon. De ce nombre étaient le chevalier de Beaufort et Chaix-Sourcesol.

Le chevalier Tardy de Beaufort, ancien militaire, s'était retiré à Avignon. En 1802, il y publia sous l'anonymat et sans nom de lieu une traduction de l'hébreu, avec commentaires, du psaume *Exurgat Deus*[77]. De Beaufort était un érudit hébraïsant. Il avait traduit les 150 psaumes de David, discutant dans des commentaires les traductions de divers auteurs et expliquant sa propre traduction. Mais ce travail est resté inédit.

Dans le commentaire du psaume *Exurgat Deus*, de Beaufort, après avoir constaté que les choses en sont venues au point où, sans un miracle de la Toute-Puissance divine, l'impiété submergerait la terre, déclare que ce miracle doit s'accomplir. Il y aura, dit-il, un changement heureux et un retour à l'ordre universel. Il se propose de présenter à ceux qui sont dans l'attente du retour à cet ordre universel des choses le tableau du bonheur qui leur est réservé, tel qu'il est

---

[75] Archives, E., décès, an V, fol. 87.
[76] *La Grande Encyclopédie*, t. XIX, p. 97 ; article Grabianka.
[77] *Exurgat Deus*, par un serviteur de Jésus-Christ, in-8°, 85 p., 1802.

dépeint dans le soixante-huitième psaume de David, qu'il traduit d'après le texte hébreu.

De Beaufort dit qu'il faut considérer que l'Écriture sainte contient deux sens : le littéral et le spirituel ou prophétique, et que les promesses de l'Écriture sont de deux sortes : spirituelles et temporelles. Il enseigne que l'arche d'alliance, l'autel des parfums, le tabernacle, la verge d'Aaron sont actuellement cachés dans un coin de la Judée, dans une caverne de la montagne sur laquelle Moïse est monté, placés là par Jérémie, qui en a fait boucher l'entrée. Ils doivent reparaître au temps marqué, où l'Esprit-Saint répandra plus abondamment sa grâce sur la terre, et ce temps est proche. Alors, la gloire du Seigneur éclatera de nouveau sur le tabernacle. Ce sera le règne de Jésus-Christ sur la terre.

C'est ce qu'annonce le psaume de David qu'il traduit et commente.

Aux Juifs, il dit qu'ils rentreront dans l'héritage de leurs pères : « Il ne faut pas oublier que, tout déicide qu'il est, l'antique Israël est un peuple immortel, un peuple qui doit survivre à toutes les révolutions, un peuple qui doit régner et commander à tous les peuples de la terre, lorsqu'il aura confessé son crime et reconnu celui qui est né dans son sein [78]. »

Alors, les hommes seront renouvelés, Israël sera réconcilié et réuni avec ses enfants, c'est-à-dire les chrétiens purifiés, sous le seul roi et pasteur Jésus-Christ.

On retrouve, on le voit, dans *Exurgat Deus*, l'écho des doctrines inspirées de Pernety et de l'enseignement prophétique de la Sainte-Parole.

Quant à Chaix-Soureesol, il était prêtre insermenté, ancien économe du séminaire de Saint-Sulpice. Il publia en 1800, à Avignon, où il résidait, le *Livre des Manifestes* en deux petits volumes, réimprimés à Paris, dans lesquels il se prétendait inspiré de l'esprit de Dieu. L'année suivante, il fit paraître un supplément au *Livre des Manifestes*, sous le titre *Clef des oracles divins* [79], dans lequel il s'élevait contre le célibat des prêtres (il était lui-même marié), contre la confession, les reliques, le culte des images, etc. Ces deux ouvrages furent suivis de *l'Évangile éternel* [80], « unique moyen de ramener les églises séparées à l'ordre de Dieu et au bonheur de leur destinée ». Dans cet ouvrage, il loue saint Martin, « l'homme de désir », mais il n'a pas une haute idée de Jacob Bœhme.

Chaix-Sourcesol alla propager ses idées aux États-Unis, où il mourut peu après.

Ainsi, le petit groupe des Illuminés d'Avignon allait diminuant de plus en

---

[78] *Exurgat Deus*, p. 84.
[79] *Clef des oracles divins*, 1 vol. in-12. Paris, l'an premier du dix-huitième siècle de l'ère chrétienne.
[80] *L'Évangile éternel*, fin du *Livre des manifestes*, in-12. Paris, 1803.

plus. Peu à peu, tel un corps sans âme et sans vigueur, il s'éteignit doucement, insensiblement les derniers survivants rentrèrent, dit-on, dans le martinisme. Aujourd'hui il ne reste plus rien de la Société des Illuminés d'Avignon, que le grade de chevalier du Soleil, institué par Pernety, et qui, divisé en deux degrés, forme maintenant les vingt-septième et vingt-huitième grades du rite écossais ancien et accepté de la Franc-Maçonnerie.

# APPENDICE

MANUSCRIT DU DOCTEUR DOUCE
DONNANT LE DÉTAIL DES OPÉRATIONS HERMÉTIQUES
DE LA SOCIÉTÉ D'AVIGNON POUR LA
FABRICATION DE L'OR PHILOSOPHIQUE.

Il existe à la bibliothèque Calvet d'Avignon un document autographe du docteur Bouge, frère illuminé, formant un manuscrit in-octavo de douze pages, donnant les procédés employés par les illuminés d'Avignon pour la réalisation du grand œuvre. Ce manuscrit est dans un dossier de documents divers, inscrit sous le n° 3080. Il contient les procédés pour la fabrication de l'or potable. Mais il y a, dit le docteur Bouge, deux sortes d'or potable : le vulgaire et le philosophique. Il donne d'abord le procédé du vulgaire, «duquel trois gouttes prises dans du vin ou du bouillon ravigotent la nature défaillante et servent de remède universel contre les plus grandes maladies qui peuvent attaquer le corps humain c'est le baume de santé et le bouclier de la vieillesse». Néanmoins, ajoute-t-il, «tout cela n'est rien au respect de l'élixir des philosophes qui est leur pierre philosophale et leur médecine universelle», et il décrit le moyen de faire cet élixir des philosoplses :

«Prenés dix parties du mercure des philosophes, mettés le dans un matras ou œuf philosophique, avec une partie d'or fin battu en feuilles ; l'or s'y dissoudra sur le champ. Scellés hermétiquement le vaisseau et mettés le au feu de lampe du premier degré, et dans quarante jours, c'est *le noir plus noir que le noir* du bienheureux Raymond Lulle et cette *tête de corbeau* dont parlent les philosophes. Mais après que cette noirceur a duré une quarantaine de jours, le matras commence à prendre peu à peu la couleur des cendres que les sages nous disent qu'il ne faut point mépriser, parce qu'elles sont le commencement de notre richesse, et ainsi, de jour en jour, la matière commence à devenir parfaitement blanche, et c'est pour cela qu'on nous dit : blanchissés le mauve, mais il faut pour cela augmenter le feu d'un degré. Après que la noirceur a duré quarante jours, le second degré de feu sera continué environ trois mois, comme l'a été le premier, ce qui fait en tout six mois entre le premier et le second degré. La matière ne devient pas seulement blanche, mais elle reçoit encore toutes sortes de couleurs, et c'est pour cela que les philosophes disent que l'on voit passer la queue du paon, après quoi on commence à donner le troisième degré de feu, que l'on continue environ un mois et demi, et la matière atteint la couleur citrine, d'où vient que nos maîtres disent qu'il nous faut jaunir au paon par le troisième degré de feu et finalement, il faut donner le quatrième et dernier degré de feu et le continuer aussi quarante jours, pour faire rougir la matière, ce qui fait en tout neuf mois de terre pour la perfection de ce magistère ; à savoir : trois mois du premier degré de feu pour faire la dissolution, la corruption et la régénération de l'or jusqu'à la fin de la noirceur et au principe de la blancheur et, trois autres mois du second degré de feu depuis la fin de la noirceur jusqu'à la blancheur parfaite ; un mois et demi du troisième degré de feu pour passer de la blancheur au citrin, et finalement, encore un mois et demi du quatrième degré de feu pour passer du citrin au rouge, qui font en tout les neuf mois par quatre degrés de feu, comparés aux quatre âges de l'homme et aux quatre saisons de l'année par les philosophes.

« La matière étant donc parvenue au rouge, il n'est plus question que de faire des imbibitions avec votre lait virginal ou dissolvant, lier ou délier, dissoudre, congeler et nourrir l'enfant né du lait de sa mère et, par ainsy, vous ferés la multiplication en qualité, et par là elle devient pénétrante et fondante comme de la cire.

« Cela fait, vous fermenterés votre poudre en cette manière et la multiplirés en quantité : luttés très bien un matras dans lequel vous mettrés une once de votre ditte poudre fondante et trois ou quatre onces d'or fin en limaille ; et après votre matras dans du sable sans le boucher, car alors la matière est très fixe et inséparable. Étant là, donnés lui le feu du quatrième degré durant vingt-quatre heures, en sorte que la matière demeure toujours fondue comme de la cire au fond du matras, après quoy vous oterés la matière du feu, étant toujours dans son vase ; elle se coagulera et durcira au fond comme une pierre rouge ou comme un rubis et sera cassante comme un verre ou sel ; aussi est-elle le sel des philosophes. En cela vous aurés multiplié votre pierre en quantité, parce que l'or que vous avés ajouté à cette fermentation, et par ainsy avec une once de votre poudre rouge et quatre onces d'or, vous aurés quatre onces de poudre dont un poids va sur mille de mercure commun ou tel autre métal imparfait qu'il vous plaira, lequel il convertira en or parfait, meilleur que celui qui vient de la mine et, la seule poudre, prise au poids d'un seul grain, est ce grand remède qui guérit radicalement toutes les maladies et prolonge la vie de l'homme jusqu'au terme naturel que Dieu luy a prescrit. »

# Table des matières